周信芳画传

主编 周庆富

中国艺术研究院 上海京剧院 合编

文化藝術出版社
Culture and Art Publishing House

图书在版编目（CIP）数据

周信芳画传 / 周庆富主编. -- 北京：文化艺术出版社, 2024.9. -- ISBN 978-7-5039-7732-9
Ⅰ. K825.78-64

中国国家版本馆CIP数据核字第20244S6D13号

周信芳画传

主　　编	周庆富
副 主 编	张　帆　喻　静　王　馗
编　　者	中国艺术研究院　上海京剧院
责任编辑	刘　颖　李梦希
责任校对	董　斌
书籍设计	赵　蠡
出版发行	文化藝術出版社
地　　址	北京市东城区东四八条52号　（100700）
网　　址	www.caaph.com
电子邮箱	s@caaph.com
电　　话	（010）84057666（总编室）　84057667（办公室） 　　　　　84057696—84057699（发行部）
传　　真	（010）84057660（总编室）　84057670（办公室） 　　　　　84057690（发行部）
经　　销	新华书店
印　　刷	北京雅昌艺术印刷有限公司
版　　次	2024年9月第1版
印　　次	2024年9月第1次印刷
开　　本	787毫米×1092毫米　1/8
印　　张	73.25
字　　数	130千字　图片900余幅
书　　号	ISBN 978-7-5039-7732-9
定　　价	980.00元

版权所有，侵权必究。如有印装错误，随时调换。

《周信芳画传》为中国艺术研究院
2024年度基本科研业务费资助项目成果

编辑委员会

主　　编　周庆富

副 主 编　张　帆　喻　静　王　馗

编辑委员（按姓氏笔画排序）

马博敏　王　礼　王　红　王　馗　冯　钢
刘　颖　刘晓辉　李梦希　沈鸿鑫　张　帆
张　静　陈　曦　邵晓洁　周庆富　郑　雷
单跃进　赵　蓉　赵　矗　徐福山　龚和德
斯日古楞　喻　静　谢雍君　虞凯伊　黎中城

编辑部

统　　筹　王　馗　郑　雷

评传撰写　谢雍君

画传整理　虞凯伊

年谱编订　沈鸿鑫

图片初选　刘晓辉　张　静

附录整理　王金武

杂务处理　殷继元

序

中国艺术研究院是在"一院两所"的基础上，逐渐发展成为中国艺术学科至为完备的科研重镇的。所谓的"两所"，即民族音乐研究所、民族美术研究所；所谓的"一院"，即创建于1951年4月3日的中国戏曲研究院。戏曲学是中国艺术研究院建院伊始就着力发展的学科，因应着戏曲改革的时代任务，致力于理论联系实际的戏曲发展，经过几代人七十余年的建设，形成享誉学林的"前海学派"，建构起民族化的戏曲艺术体系、戏曲理论体系，至今仍然对戏曲传承发展发挥着积极的引领作用。

1955年1月，中国戏曲研究院与其下属的剧团、戏校分离，确定为以民族戏曲改革的研究工作为主的科研机构，周信芳先生即是重新改组后的中国戏曲研究院副院长，院长为梅兰芳先生。中国戏曲研究院同人欢迎周信芳副院长就任，在颐和园听鹂馆举行了隆重的联欢。这正为当年举办的梅兰芳、周信芳舞台生活五十年纪念会等活动，展示出了最具学术质感的文化底蕴；也为梅兰芳、周信芳跨越数十年的舞台因缘，做了一次学术和文化上的尽情交融。

众所周知，周信芳先生和梅兰芳先生是京剧艺术的一代宗师。二人同庚，学艺时期同搭喜连成科班，之后各创流派，南北并峙，生旦竞胜，互为雄长，在群星璀璨的京剧历史上，共同张扬起流派多元、风格多样的艺术格局。二人同道，有着共同的民族立场和社会承担，在抗日战争时期，一个蓄须明志，避居港、沪，拒绝为侵略者演戏；一个直面国难，用展现家国离乱的历史题材，高扬民族气节。在新中国建设时期，二人共同参加中国人民第三届赴朝慰问团的巡回演出，张扬中国形象；二人共同致力京剧艺术在工厂、农村的普及推广，以他们精深的京剧表演艺术，深深影响到地方戏及其生态空间；在舞台生活五十年纪念活动中，二人携手演出《二堂放子》，展示出京剧艺术在新社会、新时代的典范价值。

二位宗师的人生道路、艺术道路不尽相同,但彼此在艺术上、文化上同气连枝、同声相应,人格道德尽善尽美,艺术追求精勤努力,美学境界至高至严。应该说,在中国艺术研究院七十多年的戏曲艺术体系、戏曲理论体系建设中,梅兰芳先生、周信芳先生、程砚秋先生、张庚先生以及同时代的众多戏曲艺术家、理论家们厥功至伟。周信芳先生的人格、艺品毫无疑问成为中国艺术研究院戏曲学术传统的重要标识,作为"战斗的表演艺术家"[1],"爱国主义、现实主义的艺术家"[2],他在今天及以后仍然指引着戏曲体系持续的民族化建构。

2024年,文化和旅游部、中国文学艺术界联合会亦将隆重举行纪念梅兰芳、周信芳诞辰130周年座谈会,戏曲研究所的同人们延续此前编撰《张庚画传》《梅兰芳画传》《郭汉城画传》的工作,与上海京剧院、周信芳艺术研究会等单位,共同组织编撰《周信芳画传》,以此缅怀前贤,致敬传统。2024年也是习近平总书记主持召开文艺工作座谈会并发表重要讲话十周年,中国艺术研究院正在努力按照总书记的倡导,积极构建具有中国特色的艺术学学科体系、学术体系、话语体系,守正创新,勠力前行。《周信芳画传》的编撰亦即戏曲研究所进行戏曲学"三大体系"构建的重要内容。

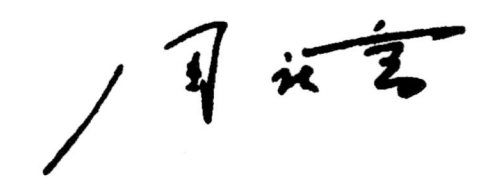

中国艺术研究院院长
2024年8月22日

---

[1] 田汉:《战斗的表演艺术家——周信芳》,《戏剧报》1955年第4期。
[2] 马少波:《爱国主义、现实主义的艺术家——祝梅兰芳、周信芳先生舞台生活五十周年》,《人民日报》1955年4月11日第3版。

目 录

Contents

壹	周信芳评传	……001
贰	周信芳画传	……027
叁	周信芳年谱	……543
肆	附　录	………563
伍	后　记	………575

壹

周信芳评传

周信芳评传

谢雍君　撰写

六十年来磨一剑，精光真使石金开；
浑忘眼弱和头白，唱遍山陬与海隈。
万死不辞尊信国，千人所指骂王魁；
乾坤依旧争邪正，珍重先生起怒雷！[1]

1961年12月，首都文艺界举行周信芳演剧生活六十年纪念活动，田汉写了四首七律赠予周信芳，此为第四首。在诗中，田汉赞赏周信芳六十年来专注于京剧艺术创造，不断地追求进步，不断地探新、求新、创新、革新、更新，终使金石为开，创造了流传大江南北的麒派艺术。周信芳是南派京剧的灵魂人物，他始终站在时代潮流前列，以自编、自导、自演的创作方式整理改编和新编了大量剧目，推进海派京剧的革新和发展，促进京剧艺术在全国范围内的流播。他重视传统、批判地继承传统，精通多种行当，唱念做打并重，活用化用程式，塑造了徐策、宋士杰、张元秀、萧何等爱憎分明、意志坚定、大义凛然的性格人物。他抓住艺术与社会互动的永恒规律，强调戏剧的社会功能，张扬苍劲沉雄、豪迈刚健、乐观向上的审美风尚和时代精神。田汉称扬他是"战斗的表演艺术家"[2]，马少波赞誉其为"爱国主义、现实主义的艺术家"[3]。多年后，张庚认为"艺术上有'麒派'，在学术上是不是也可以有一门'麒学'呢"[4]，刘厚生提出"周信芳演剧思想"的研究命题[5]。让我们怀着钦敬之心回望这位剧坛"麒麟"豪迈激昂、跌宕起伏的艺术人生。

1　田汉：《赠周信芳》，载《周信芳艺术评论集》，中国戏剧出版社1982年版，第52—53页。
2　田汉：《战斗的表演艺术家——周信芳》，《戏剧报》1955年第4期。
3　马少波：《爱国主义、现实主义的艺术家——祝梅兰芳、周信芳先生舞台生活五十周年》，《人民日报》1955年4月11日第3版。
4　张庚：《〈周信芳与麒派艺术〉序》，载《张庚文录》第7卷，湖南文艺出版社2003年版，第309页。
5　参见刘厚生《周信芳演剧思想试论》，载《刘厚生戏曲长短文》，中国戏剧出版社1996年版，第384—397页。

一、水陆码头　初试新声（1895—1905）

周信芳，名士楚，字信芳[1]，艺名"七龄童""麒麟童"等，于甲午年冬日（1895年1月14日，清光绪二十年农历十二月十九日）诞生于江苏清江浦永泉巷东虹桥头旁的一间小屋。清江浦不是周信芳的故乡，虹桥头旁的小屋是其父母周慰堂和许桂仙随戏班沿着大运河跑码头的暂栖之所。周信芳的老家在浙江宁波的慈溪慈城，他是当地望族周御史房的后裔，父亲周慰堂与上海四明银行董事周仰山是同族远房堂兄弟关系，辛亥革命以后，周仰山成了周氏家族族长。周信芳祖辈是书香门第、仕宦之家，其曾祖曾任慈溪县学教谕。到了周慰堂这一代，家道中落，周慰堂没有继续走仕途，从小被送到布店里当学徒。业余时，他喜欢京戏，慈溪经常有京戏戏班来演出，看得多了，更加着迷。他还恋上了戏班里的女伶许桂仙，后两人结为夫妻。

婚后，周慰堂先是在戏班里帮忙，自己也学着唱，后来干脆下海做了职业伶人，艺名"金琴仙"，挂牌演出。此事令周氏宗族震惊，认为周慰堂有辱门庭，宣布将他及其子孙后代永远逐出祠堂。周慰堂没有屈服于宗族的决定，依然遵从内心的选择，跟随戏班离开家乡，在浙江、江苏一带演出，过上了漂泊生活。

尽管族籍被除，但周慰堂心中装着宗族，当儿子出生时，仍然按家族辈分排行，给他取名信芳。周仰山闻听之后，在族人会上提议让周慰堂五年后回到祠堂，提议获得族人同意。1925年，成名后的周信芳陪着父亲回到慈城老家，参与重建周家祠堂，可见认祖归宗之殷切、诚挚……

周信芳虽然没有出生于梨园世家，但父亲周慰堂对于京剧的热爱和执着深深地影响着他。童年的周信芳随父母搭班演出于浙江杭、嘉、湖等大运河沿线的各地码头，走上了与京戏相伴终生之路。这是因缘，也是命运使然。周慰堂对周氏家族的认同也影响着周信芳，他喜欢读书，写一手好字，喜欢与文化人交往，体现着周氏家族书香血脉在他身上的烙刻和流淌。

周慰堂自己应工旦行，为了好好地培养儿子，他特意让孩子拜在文武老生陈长兴（一作程长鑫）门下练功学戏，以老生戏为主，先学《黄金台》，后来又学了《庆顶珠》《一捧雪》等。不久，周信芳再拜著名老生王玉芳为师，王玉芳是王九龄高足，有"九龄正宗"之

---

[1] 另一种说法，周信芳，名信芳，字士楚。

誉。跟王玉芳学戏，周信芳不仅学到了具体的剧目，而且得到京剧名家表演精神的熏陶，为其后的成名成才奠定了基础。

1901年，周信芳以"小童串"之名义在杭州拱宸桥天仙茶园首次登台演出，因彼时虚岁7岁，故取艺名"七龄童"。当时小孟七在杭州演出，周信芳被看中选入其班，在《铁莲花》中饰演以娃娃生应工的定生一角，戏中有天寒走雪一场，他以"吊毛"等功夫来表现，受到观众喜爱，被誉为"神童"，从此在各班串演娃娃生。

二、沪京戏园　崭露头角（1906—1909）

少年周信芳在学中演、演中学，问艺诸多师父。

1905年，周信芳在上海认识南方京剧奠基人之一王鸿寿。王鸿寿，徽班伶人，人称"三麻子"或"老三麻子"，京徽皆擅，文武均能，尤以红生为擅。王鸿寿将徽剧《雪拥蓝关》带到京剧中来，又将《徐策跑城》《扫松》《斩经堂》等移植成京剧，这几部后来都是麒派名剧，是周信芳直接从王鸿寿处学来的。王鸿寿发现年幼的周信芳很有天赋，吸收他进入自己的班社满春班，悉心传授技艺，让他有更多的舞台实践机会，周信芳以"七龄童""七灵童"为名随王鸿寿赴汉口、芜湖等长江中下游城市演出，后随王鸿寿回上海入玉仙茶园，改艺名为"万年青"，并以《翠屏山》唱大轴，首次在沪演出。周信芳艺术功底、气质、风格的基因传自王鸿寿，后来又有了较多的丰富和发展。王鸿寿最具特色的唱腔是【高拨子】，慷慨激昂，又略带凄凉、伤感，周信芳的演唱艺术也具有这个特点。王鸿寿唱法上主要运用徽调，徽剧痕迹明显，周信芳学习时，也带着徽腔特色，他保存了徽剧古朴浑厚的特点。沪上有"八大老爷"之谓，老三麻子是"真老爷"，周信芳被誉为"活老爷"。

后来，李春来邀请周信芳加入其班底，周改艺名为"时运奎"，后改为"麒麟童"。1906年1月6日，《申报》首次以"麒麟童"之名登出周信芳在春仙茶园主演《打渔杀家》的广告，此后，南北各报刊皆用"麒麟童"来代称周信芳。

李春来发展武戏，从武戏演出的整体性出发，创建了上海武行，又将一些短打、长靠戏如《花蝴蝶》《界牌关》《白水滩》《伐子都》等发展成具有个人特色的代表剧目，将梆子戏的许多特技表演如髯口功、帽翅功等融入京剧中，尤其是武戏的耍枪、耍鞭，开武生出手之先河。周信芳的武戏受到他的影响。据《申报》，1906年3月4日、5月7日，在春桂茶园，周信芳为师父李春来配演《鼎足三分》，足见李春来对这位弟子的器重和提携。

1906年秋，周信芳北上游学，先去烟台、天津，在天津与余叔岩同台演出，其名声在北方观众中传开。1907年，周信芳首次来到京城，入喜连成科班搭班学艺，与以喜字辈为主的喜连成学生在广和楼进行日场营业演出。喜连成创办于1904年，由吉林富绅牛子厚出资，京剧伶人叶春善管事，1912年改名为富连成。为了扩大社会的影响力，喜连成除了招收学员，还聘请一些崭露头角的童伶搭班演唱，曾带艺入科的有周信芳、梅兰芳、贯大元、高百岁、李春林等，还有小十三旦、水上漂、葫芦红等梆子出身的演员，一起演出的喜连成学员有康喜寿、雷喜福、侯喜瑞等。喜连成科班因以上童伶的助演而更名声远扬。

在这段时间里，梅兰芳和周信芳首次合作。他们先合演了《九更天》，周信芳饰马义，梅兰芳饰马女。接着他们又合作了《战蒲关》，梅兰芳饰徐艳贞，周信芳饰刘忠。自从周信芳、梅兰芳等人搭班演出后，广和楼的上座从原先的五六百座激增至一千五六百座。这一段时光也是梅、周两位大师一生交会的起点。

关于周信芳搭班喜连成演出的情况，萧长华有回忆文字记录："……当时信芳同志是文武全演，文戏中唱工戏如《让成都》《红鬃烈马》，做工戏……念工戏……武戏……还能演老旦。""信芳同志要学好几个行当的好几派的唱法，真可谓多才多艺。""在少年时期，风格和味道就异于一般，开始孕育着今天所形成的这种沉厚敦实、清晰明快和凝炼丰满的风格的萌芽。"[1] 周信芳在喜连成学传统折子戏，学京剧，可能还受过梆子熏陶，体味到京朝派的艺术韵味，也体味到京城科班开放兼容的艺术精神。

据曾在北京得胜奎科班学戏的李清溪老先生回忆："当时他可能是刚搭班，但已是剧团的主要演员了。他曾在我们科班演出做工戏。在燕喜堂曾演过《打严嵩》《盗宗卷》等老生戏，也演过全本的《刺巴杰》等武生戏。我看过他的演出，他演起戏来，不但脸上有戏，善于表现喜怒悲欢之情，而且，身段好看、口齿清晰，（远远超过一般的儿童演员，显示出表演的才华），受

---

[1] 萧长华：《重聚话今昔》，《戏剧报》1962年第1期。

到北京观众的赞扬，一时轰动北京城。"[1]

1909年，适遇国丧时期，京城禁止娱乐，周信芳搭忠和班、双庆和班在天津东天仙茶园、兴华茶园等演出，得识吕月樵。当时吕月樵编了时装新戏《二县令》，打算要演出，周信芳恰好赶上，参与了演出，同台的还有苏廷奎、金月梅等。这是周信芳学习创作、表演时装新戏的启蒙课，对于他日后的新戏创作影响很大。

在天津演出一段时期后，周信芳突然变声，不得已回到上海。

三、边学边演　扬名梨园（1910—1912）

少年学戏，到了青春期，会遭遇嗓子倒仓的事，如何处理，是一种人生考验。休养不好，会失去原来的好嗓子。周信芳就遇上了这种大概率的事，落下沙嗓子。这对于老生来说，是沉重的打击，但周信芳凭着顽强的意志和成熟的技艺，硬是将沙嗓子——在他人看来的缺陷，转变成个人唱腔的特色，经过不懈的努力，赢得梨园同行和观众的认可。

在北京学艺时期，周信芳闻听谭鑫培艺术高明，所演的戏，很多是别人所不演的，非常倾慕。在喜连成科班，他学习谭派的念法，纠正自己的念法。谭鑫培用湖广音夹京音读中州韵的念法，与过去皮黄戏不同，喜连成科班予以逐步规范，成为京剧字音的标准。周信芳认为这是基本功，将之付诸实践。

最重要的是，周信芳不仅学习谭派表演，还研究谭派唱腔。在嗓子倒仓前，周信芳在北京中和园、天津东天仙茶园看过谭鑫培的《铁莲花》《打棍出箱》和《李陵碑》，但当时只觉得谭先生唱得好听，大刀耍得好看，好在哪，独特的表现功夫体现在哪，还没体悟到。嗓子倒仓后，周信芳回到上海。1912年冬，上海新新舞台以重金聘请谭鑫培前来演出，赵君玉、冯志奎、周信芳等与其同台，如此，周信芳有机会再次观赏到谭的戏，还受过谭的指点。因周信芳刚倒过仓，还没完全恢复，谭鑫培获悉后，建议周信芳往做派老生方向努力，老生戏活儿多，一样能走红，并亲自教周信芳《打棍出箱》的身段表演。这期间，年仅17岁的周信芳与谭鑫培频繁同台演出，认识到谭的艺术"很值得深切地研究"，对其表演的精严微妙，直感"愧煞我

---

[1] 李清溪：《周信芳在北京的第一次演出》，《上海戏剧》1979年第6期。

们这些晚辈了"。[1] 因受过谭老先生的亲炙，并曾与其同台演出，周信芳对其艺术的感受颇为具体和详实，理解亦在逐渐深入。十多年后，他将这些思考诉诸文字，成为他艺术见解和观念的重要组成部分。

周信芳对谭派的研究和认识，主要体现在他的4篇文章里。1928年，周信芳连写了两篇评论谭鑫培的文章《谈谭剧》与《怎样理解和学习谭派》（原名《谈谈学戏的初步》）。1929年和1930年，他又写了《〈探母〉新旧剧词商榷〉之商榷》及《唱腔在戏曲中的地位——答黄汉声君》，文中大部分是关于谭的内容。4篇文章都发表在上海的《梨园公报》上。它们论点鲜明地表达了青年周信芳对前辈大师谭鑫培的基本态度和全面看法。他认为谭鑫培是"赋天才、富经验、真善美、能革新、富有思想的戏剧家，否认他是'专攻一门、刻板的伶人'"[2]，其"唱则韵调悠扬，余音绕梁，行腔巧而不滑，做工能将人物、剧情表达得淋漓尽致，种种意态，难以笔墨描写，大抵色色兼能，无美不备，学谭真非易易也"[3]。

可见周信芳对谭鑫培的评价非常高，定位也精准。他发现："老谭的戏，可算是得着戏剧的三昧了，但他却也是学来的……学了人家的好处，总也要自己会变化才好，要是宗定哪派不变化，那只好永做人家的奴隶了。""他就把各家的好处，聚于一炉，再添上他的好处……给他一个大变化，果然自成一派。"[4] 周信芳以独特的口吻赞扬道："老谭破坏成规，努力革新，是大胆的，可想老谭成功，是很不容易的。""老谭是个敢于破坏老戏成规的'罪人'，也是这个创造新戏革命的先进。"[5] 他进而称道，谭鑫培所演的戏"知道世事潮流，合乎观众的心理"[6]。从这些引述，可以看到周信芳是以何等感情、思想和勇气来赞颂、肯定谭鑫培艺术特色和价值的。

周信芳如此热忱地推崇老谭，却又是敢于质疑老

---

[1] 参见周信芳《谈谭剧》，载《周信芳全集》"文论卷一"，上海文化出版社2014年版，第7、11页。

[2] 周信芳：《谈谭剧》，载《周信芳全集》"文论卷一"，上海文化出版社2014年版，第6页。

[3] 周信芳：《谈谭剧》，载《周信芳全集》"文论卷一"，上海文化出版社2014年版，第13页。

[4] 周信芳：《怎样理解和学习谭派》，载《周信芳全集》"文论卷一"，上海文化出版社2014年版，第16页。

[5] 周信芳：《怎样理解和学习谭派》，载《周信芳全集》"文论卷一"，上海文化出版社2014年版，第16、17页。

[6] 周信芳：《怎样理解和学习谭派》，载《周信芳全集》"文论卷一"，上海文化出版社2014年版，第18页。

谭艺术的极少数。他在《〈探母〉新旧剧词商榷〉之商榷》中，议论老谭演四郎的上场引子，"'金井锁梧桐'，什么'一阵风'"雅是雅了点，但和剧情毫无关系，是"把通俗的东西改得变成了古董"。他认为还是旧词"被困幽州，思老母，常挂心头"好一些，俗固然俗了些，但看客听了这个引子，就能明了全剧情节。[1] 此外，他还对谭的《文昭关》唱词"伍员马上威风勇，那旁坐定一老翁"提出了异议，认为这句词把"含仇悲愤的神情，唱成一个安逸无事的模样"，还是老词"伍员马上怒气冲，逃出龙潭虎穴中"比较贴切。[2] 显然，这并非周信芳对老谭不恭，而是周信芳在诚挚恭敬地学习老谭的艺术思维，以老谭之法馈于老谭，亦显现着周信芳与生俱来的艺术质疑精神。

周信芳没有拜谭鑫培，却在日后被认为是"学谭最好"的生角，顾颉刚称"老谭之后，只有他唱戏能达到角色和演员浑然一体的境界"[3]。周信芳成长在南派京剧环境里，彼时京剧南北两派泾渭分明，鲜少融通。而他能够"坐南朝北"，学习揣摩谭派演剧，思辨其演剧之精神与方法，可见其目光高远。在很多年以后，南北京剧的艺术交流渐趋平常。到了李少春、高盛麟、裘盛戎、袁世海这一代，为了取精用弘，就更加自觉地融通京海了。袁世海曾说，周信芳是他"后半生的一盏指路明灯"[4]。

1912年，周信芳重返申城后，入四盏灯主办的迎贵仙园。之后，周信芳加入新新舞台，与冯志奎、李琴仙、苗胜春、李吉瑞、孙菊仙、冯子和等人同台。

1912年10月2日，《申报》发表玄郎的评论《沪伶演最相宜之角色》，将年仅17岁的周信芳与南派首席做功老生潘月樵放在同一层面上加以讨论，认为潘月樵"唱做俱工"，嗓子倒后，"专注力于做工一门，演急杀戏，世无其匹"，"饰义仆及纱帽生，最为的当"，而周信芳"入迎贵后，始名重一时，做工纯以神气胜人，惟去白须生，火气太重，殊嫌不类。嗓子枯，发音沙，与潘月樵同病。然有时则苍劲古茂，声调亦甚动听。

---

1 参见周信芳《〈〈探母〉新旧剧词商榷〉之商榷》，载《周信芳全集》"文论卷一"，上海文化出版社2014年版，第36页。
2 参见周信芳《〈〈探母〉新旧剧词商榷〉之商榷》，载《周信芳全集》"文论卷一"，上海文化出版社2014年版，第35页。
3 马明捷：《听顾颉刚先生谈京剧》，《中国戏剧》1996年第5期。
4 袁世海、徐城北：《京剧架子花与中国文化》，文化艺术出版社1990年版，第76页。

去纱帽生最合式，如《打严嵩》中之邹应龙、《清官册》中之寇准……摹写其身分，入情入理，万分适当"。[1]

12月21日，《申报》发表玄郎的文章《金秀山、麒麟童之〈忠孝全〉》，将周信芳与北派名净金秀山相提并论，认为金秀山演太监戏"最征出色，身段魁梧，神气威赫，白口骄矜，俨然一权势滔天之阉寺，凛然而不可犯"，评价麒麟童饰秦洪，"万分巴急，法场上一段【慢西皮】，精神饱满，句句着劲，行腔亦清劲而圆转如意，几令人一句一击节，甚属难得"。[2]

在唱腔功力和人物塑造方面，青年麒麟童渐臻佳境，可与名家并驾齐驱，剧评家的肯定使周信芳在梨园界获得极大的名气和影响力，这为麒派的诞生创造了条件。

四、文武须生　丹桂新戏（1913—1926）

1913年3月，革命党人宋教仁被刺身亡，震动全国。此事引起周信芳的关注，孙玉声编写《宋教仁遇害》一剧，邀请周信芳主演，周信芳不惧演出后可能会遭遇生命危险，欣然接受。该戏于3月28日、29日、30日，在上海新新舞台连演三日，场场爆满。很快，上海工部局以"蛊惑人心"之名通知禁演该剧。采用演戏的方式来表达自己关注现实、指陈时弊的立场，这种创作态度贯穿于周信芳整个艺术生涯。

1915年5月，周信芳受丹桂第一台之邀，常驻演出，4月的《申报》广告即宣传他是"南北著名文武须生"[3]，可知，经过十余年的江湖历练，周信芳已跃升为梨园界顶流艺人。

不久，周信芳兼任丹桂第一台后台经理，邀请南北很多名角来丹桂第一台演出。南派名角有王鸿寿、冯子和、汪笑侬、欧阳予倩、盖叫天等，北派名角有余叔岩、金少山、高庆奎、韩世昌、尚和玉、郝振基等。周信芳常常与这些南北名角同台演出，或合作编演一些新戏。其间，他涉猎广泛，戏路拓宽，艺术视野和水平也得到了提升。

1　参见玄郎《沪伶演最相宜之角色》，《申报》1912年10月2日第9版。
2　参见玄郎《金秀山、麒麟童之〈忠孝全〉》，《申报》1912年12月21日第10版。
3　参见《申报》1915年4月29日第12版。

冯子和是唱旦角的革新家，由夏家班夏氏兄弟夏月珊、夏月润调教出来。辛亥革命时，有一些艺人，受革命思想影响，参加了革命活动，像潘月樵、夏氏兄弟、刘艺舟等都是比较突出的代表。他们排演富有民主思想的新戏，表演形式也有所突破。他们演时装戏，也就是当时的现代戏，有更大的突破。冯子和比周信芳大几岁，受夏氏兄弟影响，演过时装戏，演过外国戏。他把新思想、新表演方法带到丹桂第一台。周信芳与冯子和合演过很多戏，有对儿戏，也有配角戏。冯子和追求表演的生动与自然，这对周信芳也有一定的影响。麒派表演既遵守京剧表演的程式规范，又有自然、生活化的倾向，富于节奏和韵律。

除了冯子和，周信芳还学习梨园界其他京剧名伶，他的唱功得益于汪笑侬和孙菊仙。汪笑侬和孙菊仙表演艺术超越南北界限，将南北唱腔风格融化在自己身上。两人久居上海，给周信芳的学习创造了好的条件，最重要的是，周活学汪、孙两人的内在功夫和表演方法。

汪笑侬，是一位身兼编剧的老生演员，学识渊博，剧艺精深，取程长庚、汪桂芬、谭鑫培之长，形成苍老遒劲、慷慨悲郁的风格。1916年开始，汪长期定居在上海。1916年12月14日，在上海丹桂第一台，汪笑侬演《张松献地图》，汪笑侬演张松，老三麻子演关羽，冯志奎演张飞，老三麻子动议周信芳演刘备，其时的周信芳盛名闻于南北菊坛，他的加盟无疑是如虎添翼。此外，汪笑侬与旧戏艺人不同的是，他所演出的剧目，剧本都是自己编写的，或者是对其他剧种的剧目加以新的改造，为自己所用的，如《哭祖庙》《党人碑》《跨海征东》等。《哭祖庙》《党人碑》是汪笑侬早年作品，抨击清朝政治屈辱媚外和官绅贪污腐化、巧取豪夺，主题鲜明，人物形象丰富、生动，借历史隐喻现实，若干年后再被搬到舞台上，引起观众的热烈反响。这些具有强烈家国情怀的作品震撼了周信芳，对他后来的创作有不小的影响。

其间，周信芳还受到南下的北方名家孙菊仙的教益。孙菊仙久驻上海，周信芳在唱腔上受其影响，周唱【二黄】时表现出的慷慨苍凉之气，与"老乡亲"的浸染有关。孙菊仙在《四进士》中扮演的宋士杰很有特色，周信芳演出此剧时，借鉴了孙菊仙的演法。

欧阳予倩较早接触的戏曲剧种是京剧，赴日留学期间，他既演话剧，也学演京剧，后青衣、花旦、刀马旦皆擅，具有较全面的功底。1915年开始，他作为京剧演员演出于丹桂第一台，首演《玉堂春》，一鸣惊人，后来和周信芳合作演出《汾河湾》《鸳鸯剑》《疯僧扫秦》《三堂会审》《御碑亭》。此外，在丹桂第一台，欧阳予倩还创作、演出了不同题材、不同演出样式的新戏，如灯彩戏（《晚霞》），改良新戏（《春阿氏》），红楼戏（《黛玉葬花》《宝蟾送酒》《晴雯补裘》）以及连台本戏（《恶奴连环报》《红蝴蝶》），等等，这些戏活跃了丹桂第一台的演出，带来良好的市场效益，拓宽了周信芳的戏剧视野。受欧阳予倩、潘月樵、夏氏兄弟等人作品的影响，周信芳开始创作、演出时装新戏和连台本戏等，如针砭现实的时装剧《宋教仁遇害》以及连台本戏《汉刘邦统一灭秦楚》，还自元杂剧改编了《萧何月下追韩信》。历经市场和时间检验，《萧何月下追韩信》成为麒派经典剧目。其【西皮慢流水】"我主爷起义在芒砀"、【二黄碰板】"三生有幸"等唱段在民间不胫而走，流传至今。

1923年2月，周信芳离开待了七年九个月的丹桂第一台，北上至烟台、济南、大连、天津、北京等地演出。1925年，他又回到丹桂第一台。经过在丹桂第一台的磨炼，周信芳成长为能自编、自导、自演的一代名伶，是最早确立京剧导演名分的艺人。

五、沪上梨园领袖　编导演连台本戏
（1927—1931）

1927年，周信芳参加田汉主持的现代戏剧团体南国社。周信芳与田汉结缘于20世纪20年代前期，一个偶然的机会，周信芳读到了《南国月刊》（笔者按：应作"《南国半月刊》"），其中的艺术主张让他闻到了一股清新芳烈的气息，便按图索骥找到了本不相识的田汉。[1] 周信芳自觉接受新文化、新思潮的熏陶和浸润，源于他对梨园行沉沉暮气的忧虑。他深受南国社"团结能与时代共痛痒之有为的青年作艺术上之革命运动"[2] 的戏剧思想影响，关注社会、关注政治、关心民生疾苦成为他后来新编戏的主题。周信芳不仅参加南国社定期举行的文艺讨论会，还参与田汉组织的戏剧演出，并有高百岁、王芸芳等同道的响应。1927年12月，南国社组织了为期一周的艺术"鱼龙会"，演出了由田汉创作的《生之意志》《名优之死》等话剧和欧

---

[1] 参见田海雄《我的伯父田汉》，团结出版社2021年版，第27页。
[2] 田汉：《我们的自己批判——〈我们的艺术运动之理论与实际〉上篇》，载《田汉全集》第15卷，花山文艺出版社2000年版，第159页。

阳予倩编写的京剧《潘金莲》，在演出条件极为简陋的情况下，大获成功，观者大都是上海艺术大学的学生。在《潘金莲》里，周信芳饰演武松，欧阳予倩饰演潘金莲，高百岁饰演西门庆。这次演出对于周信芳来说，记忆深刻，影响深远。35年以后（即1962年），欧阳予倩去世，周信芳撰写了《永不忘却的纪念》，深情缅怀他的老友。在文中，他重提演出《潘金莲》之事，认为欧阳予倩替潘金莲翻案，是借潘金莲为受封建礼教压迫的妇女说话，具有反封建的思想，是有进步意义的。[1]1928年1月7日，《潘金莲》在上海天蟾舞台公演。

在南国社活动中，周信芳深受田汉和欧阳予倩戏剧改革思想的启发和影响。田汉曾说过："我以为中国旧剧向更高阶段的改革运动固当由'外行'发难，而要竟其全功，必待于有理解、有天才而又有勇气的'内行'的共同努力。在南方内行中，最有望的欧阳予倩先生外，就要算周信芳先生了。"[2]在戏曲改革方面，田汉将周信芳与欧阳予倩同等看待，对周信芳的戏剧思想和实践能力予以认同。周信芳也没有辜负田汉的期待，从纯粹的表演型艺人成长为自编、自导、自演的复合型艺人，在新编戏的演出形态和思想立意方面既继承传统，又有更多的革新创造。

1927年2月，周信芳转到天蟾舞台演出，一演就是五年，时间之长仅次于丹桂第一台。在天蟾舞台，周信芳与马连良同台竞技，在主演和配演关系中找到平衡，在与同台艺人的互生共赢中凸显个人表演艺术的独特魅力。这五年是周信芳表演艺术趋于成熟的时期，也是麒派艺术形成的时期。

"南麒北马"合演，出于天蟾舞台后台经理谢月奎的策划。1927年2月5日，《申报》登出广告，预报当天日场、夜场演出信息，"天蟾舞台男女合演新正日夜开演拿手杰作好戏，重金敦聘全球欢迎谭派正宗泰斗须生马连良，特聘南北闻名编导专家、文武做工老生麒麟童"，日场演出马连良《击鼓骂曹》、麒麟童《扫松下书》，夜场演出马连良《定军山》、麒麟童《刘唐下书·坐楼杀媳（笔者按：应作"惜"）》。这是两人同台演出的第一天，一直到4月，合演了六十多天，合演剧目有《借东风》《甘露寺·美人计·回荆州》《雪杯圆》《新洛阳桥》《红鬃烈马》等。合作过程中，两人不是互

---

[1] 参见周信芳《永不忘却的纪念》，载《周信芳全集》"文论卷二"，上海文化出版社2014年版，第180页。
[2] 田汉：《重接周信芳先生的艺术》，载《田汉全集》第17卷，花山文艺出版社2000年版，第509页。

为敌对，而是互相捧刀，彼此成全。两人还合作首演新编戏《武乡侯》和《火牛阵》。

在合演前，周信芳和马连良已分别闻名于南北菊坛，两人均为须生，皆擅唱做，都学谭派，所演剧目既有相同的，也有各自独具特色的。合作时，周、马在同一出戏中分别担纲主角和配角，体现出两人惺惺相惜的宽广胸襟。演出结束后，两人结下深厚的情谊，互为知己。

作为回馈，1933年4月，马连良邀请周信芳北上赴津演出，两人在天津春和大戏院同挂头牌，合演《十道本》《小桃园》《武乡侯》等，被媒体赞为"马北周南，俱负时誉"[1]，成就了剧坛的一段佳话。

此外，周信芳在天蟾舞台自编、自导、自演连台本戏，在持续的编导过程中，成功转型为编、导、演兼备的复合型艺人，所创作品更趋成熟，更具影响力，一批代表作陆续面世。

《申报》所登出的广告称周信芳为"南北闻名编导专家"，说明在1927年之前，他编戏、导戏已在业界出名。据陈琨《周信芳演出剧目综录》，1912年周信芳编演的《要离断臂刺庆忌》，应是他的首部连台本戏。[2]

王鸿寿曾编演《三门街》《九义十八侠》等连台本戏，周信芳追随王鸿寿学戏时，王氏的编戏风格潜移默化地熏染到他。周信芳在丹桂第一台任后台经理时，曾聘请王鸿寿来演出，王氏在丹桂多次演出《三门街》，这为周信芳编排新的连台本戏做好了铺垫。驻场天蟾舞台后，周信芳创编连台本戏的能力和速度更为惊人，五年里，上演了《龙凤帕》《华丽缘》《封神榜》《满清三百年》等。

连台本戏是海派京剧的特色，周信芳持续在创编连台本戏方面用力，加强海派京剧特色形成的力度。1928年9月至1931年8月，周信芳连续三年编排、演出《封神榜》，近五十位名角参与演出，引起沪市轰动。天蟾舞台在《申报》大登广告，多次刊登整版特刊以作宣传。比起单本戏，连台本戏要连演多本，演员不可能从头到尾扮演一个角色，也不可能只停留在某一个阶段，它能锻炼演员成为多面手，在一本戏里一赶二，或一文一武，或一老一少，或男扮女，或女扮男。在连台本戏里，文武昆乱、生旦净丑、悲欢离合俱全，在

---

[1] 转引自《马连良大事纪年表》，载马连良艺术研究会编纂，马龙主编《梨园春秋笔：马连良文集》，生活·读书·新知三联书店2020年版，第399页。

[2] 参见陈琨《周信芳演出剧目综录》，载李晓、黄菊盛主编《周信芳与麒派艺术》，华东师范大学出版社1994年版，第320页。

营业演出中，连台本戏具有独特的竞争力，形成海派京剧的一个特色。

不仅如此，周信芳编演的连台本戏凝结着进步的思想内容，如《满清三百年》，包含与洪承畴、崇祯帝、董小宛等相关的戏剧情节，借明亡之恨，激发民众救亡图存的意志，宣传了爱国思想。

"江南连台本戏的形成，是创造革新的结果，反过来它又推动了京剧艺术的创造革新。从剧本创作到表演方法，直到服装、化妆等等，都产生了许多新的东西……"[1] 尤其是机关布景从平面设计到立体设计的变化、对现代灯光的运用，使周信芳所参与连台本戏的审美趣味更靠近市民观众，良好的演出市场促使戏曲舞台美术从传统向现代蜕变。

在不断的新戏创作和舞台实践中，周信芳逐渐形成了咬字清楚有力，行腔刚健遒劲、洒脱豪放的麒派风格。尽管嗓音沙哑，但他唱腔挂味，富于激情和感染力，直击观众之心。

周信芳在南方有广泛的观众基础，关于他的唱腔魅力，在民间流传着"百口齐唱萧相国(《萧何月下追韩信》)，万人争看薛将军(《投军别窑》)"之句，指的是周信芳在台上唱，台下观众跟着哼，一唱百和的感人场面，说明麒派艺术在上海市民群体中影响很大。这些追随者以学习、模仿麒派唱腔、做派为乐事，成立了"麒社"。尽管如此，周信芳终未自称"麒派"，也未树立"麒派"之旗来拉拢市民观众，展现出京剧大家的睿智与远见。

六、孤岛宣传　卓然成家（1932—1948）

1932年，"一·二八"淞沪抗战爆发，周信芳离开天蟾舞台，组建移风社，开始赴青岛、济南、天津、奉天、长春、哈尔滨、北平、汉口、南京等地演出，其苍劲、刚毅的表演风格给处于动荡不安局势中的民众带去了力量和安慰，赢得各地观众的喜爱，培养了众多的"麒迷"。

漂泊不定的演出生活持续了三年。1935年，应黄金大戏院之聘，周信芳重回沪上舞台。是年4月，沪上麒艺联欢社出版《麒艺联欢社欢迎周信芳同志特刊》，并刊载周信芳《整理戏剧之我见》短文。周信芳在文中提出"戏剧本非一人之戏剧，亦非一部分可称为戏

---

[1] 周信芳：《谈谈连台本戏》，载《周信芳全集》"文论卷二"，上海文化出版社2014年版，第183页。

剧，务须全体演员聚精会神表演，方能成为戏剧"的主张，倡导"打破旧时障碍，使南北贯通"。[1]

1937年5月至7月，周信芳再赴天津，在中国大戏院演出。7月7日，卢沟桥事变爆发，移风社被困在天津。经过多方努力，周信芳终于1937年8月将整个戏班平安带回上海。

1936年，周信芳与电影明星袁美云合作，在上海开始戏曲电影《斩经堂》的拍摄。这是周信芳第二次摄制电影，却是他的第一部有声电影。该片由费穆担任艺术指导，周翼华导演，黄绍芬摄影，上海华安影业股份有限公司出品。《斩经堂》又名《吴汉杀妻》，讲述汉光武开国大将吴汉奉母命杀妻事，原为徽剧传统戏，由王鸿寿移植改编为京剧，周信芳曾演出于丹桂第一台，后来经过不断加工打磨，成为麒派名剧。在电影拍摄完成前，周信芳在黄金大戏院多次演出该剧，深受观众追捧，在戏迷群体中拥有广泛的影响力。摄影公司在麒派名剧中选择该剧，主要理由是："这戏唱工比较的少些，剧旨也比较的有意义些。这在中国影片摄制技术和立场方面，都可顾到，着手自较容易些。"[2]《斩经堂》充分展现了周信芳表演艺术的风采，尤其是"杀妻"桥段，他以眼神、台步，配合繁复的舞蹈身段，细腻地刻画了吴汉思想上的痛苦和斗争，拍摄成电影后，画面极为精彩。同时，该剧表达了复兴民族的主题思想，在鼓舞民众积极抗战方面发挥一定的作用。1937年6月11日，《斩经堂》正式在上海新光大戏院首映，连续上映数十天。田汉撰文赞扬该片以"银色的光，给了旧的舞台以新的生命"[3]，将评论的视角扩大到对戏曲与电影不同特点的比较。他在肯定旧戏电影化是有意义的、有效果的工作同时，认为"旧戏的电影化也的确是很艰难，很麻烦的工作。它既须保存这两种艺术应有的好处和特点，又必须使两者的特殊性不相妨害。那是要保存他们的'多样性'，而又严（笔者按：应作'俨'）然地有它作为一种新的艺术品的'统一性'"，他主张"这种工作必须是电影艺术对于旧戏的一种新的解释（Interpretation），站在这一认识上来统一它们中间的矛盾"。[4]

---

1 参见周信芳《整理戏剧之我见》，载《麒艺联欢社欢迎周信芳同志特刊》，1935年。
2 西子：《麒麟童上银幕！处女作〈斩经堂〉开拍 联华出品费穆导演》，《新闻报本埠副刊》1937年2月26日第2版。
3 田汉：《〈斩经堂〉评》，《联华画报》第9卷第5期（1937年7月1日）。
4 参见田汉《〈斩经堂〉评》，《联华画报》第9卷第5期（1937年7月1日）。

"孤岛"时期，周信芳一直守在沪上，没有离开。上海戏剧界救亡协会成立后，设有话剧部和歌剧部，周信芳被推举为歌剧部主任。后来，救亡协会在中共地下组织领导下，组织了十三支救亡演剧队，到江苏、浙江、安徽、河南、河北、山西、陕西、湖北等地宣传抗日。周信芳留守"孤岛"坚持抗日救亡运动，主要在租界的卡尔登大戏院演出，编演了《明末遗恨》《徽钦二帝》等戏，借新戏表达抗日情怀。《徽钦二帝》演出后，被勒令停演。周信芳一边排演其他的新戏，一边登报公开声明停演之原因，以此揭露敌伪的阴谋，引起民众对敌伪的义愤。他在这个时期排演的连台本戏《文素臣》，公演当晚，赢得满堂彩，有"万人空巷来观"之说，获得戏迷的好评。

周信芳在租界坚持演出，除了编演新戏，在表演技艺和服装设计、舞台布景等方面不断出新招，以此吸引观众，维持商演活动。重要的是，尽管受战事影响，上海剧场演出急遽减少，但租界里的戏曲演出却没有中断，为抗战胜利乃至新中国成立后，上海演剧事业的恢复和兴盛奠定了基础，周信芳为上海京剧艺术从战争年代过渡到和平时期，从旧时代转型到新时代发挥了重要作用。

抗战胜利后，国内经济凋敝、民生困苦，上海京剧界举行多种义演活动，资助各类基金，救济同行、同胞等。周信芳参加了一些义务戏演出：（1）1945年，上海市抗战蒙难同志救济事业基金筹募委员会在天蟾舞台举行京剧名票名伶义演，12月21日演出《群英会》；（2）1946年，中国劳工协进社筹募基金在上海皇后大戏院举行义演，7月8日演出《追韩信》；（3）1946年，苏北难民救济协会及湘灾急赈委员会在天蟾舞台举行义演，7月10日演出《龙凤呈祥》（饰"闹帐"之鲁肃），参演的还有梅兰芳、盖叫天、林树森、姜妙香、马连良、袁世海等；（4）1947年，北平市国剧公会、上海市戏院业同业公会、上海市伶界联合会在天蟾舞台举行筹募同人清寒救济基金义演，1月8日、9日演出《红鬃烈马》（饰"赶三关"之薛平贵），参演的还有梅兰芳、芙蓉草、朱斌仙、萧长华、袁世海、李少春、谭富英、程砚秋、叶盛兰、杨宝森等；（5）1947年，第四届戏剧节在上海召开，于天蟾舞台举行观摩公演，2月14日与梅兰芳在大轴上演《打渔杀家》；（6）1947年，绍兴有关人士在上海大光明大戏院举行筹募绍兴地方公益经费义演，8月19日与梅兰芳上演《打渔杀家》；（7）1947年，北平市国剧公会等在上海中国大戏院协办救济水灾义演，9月3日、5日演出《龙凤呈祥》（饰"闹帐"之鲁肃），参演的有李少春、谭富英、马连良、李多奎、袁世海、叶盛兰、韩金奎等；等等。[1] 周信芳频繁地参与扶贫济困活动，凭借自身的社会地位和影响力，为受难人群、社会弱势群体等进行力所能及的救助，表现出强烈的爱国情怀和社会责任。

1942年，《麒麟童特刊》出版，首次对麒派的表演特色进行研究、归纳。该特刊收录梅花馆主、李元龙、苏玉轩、施病鸠、许黑珍、胡梯维、潘念辰、芮鸿初、孙廷芳、朱瘦竹等人的文章，分别从嗓音、技法、演出剧目、生平简历等角度阐发和概括周信芳的表演特点和艺术风格。其中，胡梯维的《周信芳年谱》最早系统记录了周信芳的生平事迹，是当代研究周信芳艺术生平的重要参考文献。梅花馆主在《我对于麒麟童的认识》中记述十余年间剧评界对周信芳评价的变化轨迹，指出："十余年前，南北评剧界，对于'京朝''海派'的界限，划得非常清楚。不论什么角儿，只要是北来的，不管其艺术好坏，都一致奖许。凡是南伶，纵使艺术好到极点，却无人为之张目，有时竟会无的放矢似的抨击起来。麒麟童是南伶，当然亦不能例外……过了几年，报上对于信芳的舆论，虽然还是毁多誉少，但是无线电台的广播，却已大播其《追韩信》《打严嵩》《明末遗恨》这一路戏了。等到信芳进了卡尔登，这才使麒迷为之倾倒，观众为之疯魔。报上评论，亦转变其笔调，由鄙视而改为崇仰。信芳埋头苦干了二十余年，到这时，才达到了大成功大光明的境域。"[2] 施病鸠《麒麟童之演技三绝》从髯发、水袖、眼神角度探讨麒麟童的演技，认为周之髯发"无论吹、弹、拉、抖、整、托，无不美观，吹得起，弹得高"，水袖"无论其一拂一接，一投袖，一盖头，靡不随心所欲，洒脱绝伦"，眼神"卓绝，能传达喜怒哀乐等情绪，以弥补脸上、身上之不足，不为格律所限"，赞叹周信芳"演艺精湛，风格超特，蜚声江南，无人能敌"。[3]

除了他人对周信芳的艺术评论外，周信芳自己在

---

1 参见《周信芳全集》"演剧广告卷二"，上海文化出版社2014年版。
2 梅花馆主：《我对于麒麟童的认识》，载《麒麟童特刊》，1942年。
3 参见施病鸠《麒麟童之演技三绝》，载《麒麟童特刊》，1942年。

1943年《麒麟童特刊》发表的《戏剧生活》里，也做了一番自我评估："我从事于皮黄，已垂四十年。我一生只抱定实干、刻苦四字，我早年出演于各地，无论人家鼓励，或批评、指导，甚至训教我，我都接纳了下来。我根据事实的答案，就是埋头苦干，一定会得到惊人的代价，'有朝一日春雷动'，那就是扬眉吐气的日子。我从来不自私，只要是稍具艺术天资的，我都愿意尽自己的力量，帮助人家，不论有无关系，我都是一视同仁，很多人说我'戏德'好，其实'助人为快乐之本'，我并不希望人家赞美我，不过是求得心灵上的慰安罢了！"[1] 客观、谦逊、本真的自我评价凸显出周信芳为人处世和精神境界的真实面目。

麒派形成于20年代末至30年代初[2]，于30年代至40年代达到顶峰状态[3]。其生成有"自下而上"之势，始于城市平民的拥戴，历经各种臧否和市场磨砺，方获剧界深切认可。

麒派演剧的影响遍布大江南北，波及关外和西南，观者如云。以至各路戏班为招徕票房，私慕麒艺，打出"麒派"或"麒派做功老生"旗号。为了以示区别，遂有媒介与观众称周信芳为"麒老牌"，意为正宗之麒派，从此"麒老牌"成为"麒麟童"的另一称谓。

麒派之成因，众说纷纭。龚和德有"三派并峙，融通超越"之说，其"三派"源自徐凌霄概括的"京朝派""海洋派"和"乡土派"，每一派都有它的特性和长短。[4] 龚和德认为："过去论麒派，多归之海派，其实，这三派都是其艺术沃土。"[5] 然而，彼时涉猎三派的伶人不惟周信芳，能否融通超越，自成气象，则取决个体之眼界认知、思维观念与艺术禀赋。

七、参政议政 迎接新生（1949—1954）

1949年5月，上海解放。周信芳的艺术生命发生重大变化，他感到欣慰和兴奋，他说："一八九五年（光绪二十一年）中日甲午战争刚告结束，中国历史上

---

1 周信芳：《戏剧生活》，载《周信芳全集》"文论卷一"，上海文化出版社2014年版，第53页。
2 参见槛外人（吴性栽）《聪明而浑身是戏的周信芳》，载《京剧见闻录》，宝文堂书店1987年版，第78页。
3 参见张世恩《银灯有幸留麒影》，载周信芳艺术研究会编《周信芳艺术评论集》（续编），中国戏剧出版社1994年版，第137页。
4 参见龚和德《试论周信芳》，《中国戏剧》1995年第2期。
5 龚和德：《试论周信芳》，《中国戏剧》1995年第2期。

耻辱的一页《马关条约》签订了……我就是在这个可诅咒的时代里诞生的……五十多年来，我眼看着半封建半殖民地的旧中国由崩溃而灭亡；我亲切地迎接我们伟大的人民共和国像迎接初升的朝阳。"[1] 周信芳满怀着希望和信心拥抱即将到来的新生活和新事业。

7月上旬，中华全国文学艺术工作者代表大会在北平召开，周信芳受邀参加，会上，当选为中华全国文学艺术界联合会全国委员会委员。会议期间，周信芳演出了《四进士》。

9月，周信芳再次赴北平，参加中国人民政治协商会议第一届全体会议。周信芳作了发言，对艺术工作者在新中国的职责提出了三条建议，第三条是："我们一定要打破以前的固步自封，以及许多职业的偏见，勇敢大胆地向人民学习，向兄弟艺术学习，向文化遗产学习，向先进国家的优良艺术成就学习，创造有思想性与艺术性的新戏剧，以配合中华人民共和国开国的规模。"[2] 内容极具理论性和前瞻性，为广大艺术工作者的未来工作指明了方向。会议闭幕后，周信芳当选为中国人民政治协商会议全国委员会委员。10月1日，周信芳以委员身份登上天安门城楼，参加庆祝中华人民共和国和中央人民政府成立典礼。

1950年7月，中央人民政府文化部组建戏曲改进委员会，周扬任主任委员，委员有田汉、欧阳予倩、梅兰芳、周信芳等43位，包括京剧、昆曲和地方戏代表，体现出文化部推动全国地方戏曲共同改革发展的思路。9月，上海市文化局设立戏曲改进处，周信芳出任处长。11月27日至12月11日，全国戏曲工作会议在北京召开，会议检讨戏曲工作的优点和缺点，阐明今后戏曲工作方针。周信芳赴京出席会议，会后撰文《戏曲工作会议的收获》，盛赞这次会议是戏曲史上的创举，是史无前例的光荣。

1952年10月6日至11月14日，文化部在北京举行第一届全国戏曲观摩演出大会，这是新中国成立后戏曲界的空前盛会，演出的主要任务是展览各地戏曲艺术的创造和改革成绩并交流工作经验，奖励优秀剧目及演员，并借此检阅戏曲改革政策在各地的执行情况，参演的有京剧、评剧、越剧、川剧、豫剧等23个剧种。开幕典礼由沈雁冰主持，马彦祥、郭沫若、周扬、田汉等在会上作了讲话，周信芳受邀在会上讲话。10月11日，周信芳演出了《徐策跑城》。在11月14日

---

[1] 周信芳：《我欣慰活在这个时代》，载《周信芳全集》"文论卷一"，上海文化出版社2014年版，第84页。
[2] 周信芳：《在中国人民政治协商会议第一届会议上的发言》，载《周信芳全集》"文论卷一"，上海文化出版社2014年版，第59页。

闭幕式上，周总理发表重要讲话，详尽地阐发了"百花齐放，推陈出新"的戏曲改革工作方针，由马彦祥宣读大会获奖名单，梅兰芳、周信芳、程砚秋、袁雪芬、常香玉、王瑶卿、盖叫天7人获大会荣誉奖，沈雁冰为获奖者颁奖，周信芳的奖状内容是："周信芳在戏曲艺术创造上有卓越贡献，经第一届全国戏曲观摩演出大会，评奖委员会评定，并经本部批准，给予荣誉奖。"这是国家对周信芳五十年舞台艺术创造的高度肯定。

1953年10月，周信芳参加中国人民抗美援朝总会组织的中国人民第三届赴朝慰问团，慰问团总团长是贺龙将军，周信芳和梅兰芳等任副总团长。京剧分团成员有周信芳、梅兰芳、程砚秋、马连良等，班底是华东戏曲研究院京剧实验剧团，因有梅、周、程、马四大流派创始人参与，京剧分团被贺龙元帅誉为"天下第一团"。慰问团不分场地，不论天气，即使刮风下雨，照样演出，为志愿军指战员、战士和后勤工作人员送去亲人的问候、祖国的温暖，为最可爱的人演出了《三击掌》（程砚秋、沈金波）、《徐策跑城》（周信芳、齐英才）、《四进士》（马连良）、《贵妃醉酒》（梅兰芳），等等，受到志愿军热情欢迎。炊事员没机会看演出，周信芳等就为他们安排清唱，马连良唱《三娘教子》，周信芳唱《四进士》，梅兰芳唱《玉堂春》，以最真诚和最专业的歌声抚慰志愿军战士的心。

在新中国成立后的几年里，周信芳先后参加了多项重要会议和活动，受聘多项新职务，也获得戏曲界的最高奖项，他亲眼见证了新中国文化事业的变化与生机，参与和推进新中国戏曲事业的发展进程。

诸多的新使命使周信芳从传统艺人身份转变为身兼国家文化机关领导人的艺术工作者，在演戏的同时参与讨论国家大事，承担起建设新中国文化事业的重任。

1951年3月5日，华东戏曲研究院成立，周信芳任院长，袁雪芬任副院长。1955年，华东戏曲研究院及附属单位分别改建为上海京剧院、上海越剧院、上海市戏曲学校等。为此，周信芳撰文《巩固成果 坚持斗争》，对华东戏曲研究院成立四年来所取得的工作成果做了精辟的总结。在这四年里，为了保证研究院保持高质量的艺术水平，周信芳引进人才金素琴、金素雯、刘斌昆、王金璐等，编演《信陵君》等新戏，打磨提升《四进士》《追韩信》等名剧，获得全院同人的赞扬，为推进新时代上海戏曲事业的繁荣做出了贡献。

1951年4月3日，中国戏曲研究院成立。1955年1月，为了在戏曲改革工作上能明确分工、进一步发展民族戏曲，文化部将中国戏曲研究院及所属各单位加以调整，成立中国戏曲研究院、中国京剧院、中国评剧院与中国戏曲学校四个工作单位，确定四个单位的工作职责，中国戏曲研究院以专门从事民族戏曲改革的研究工作为主，任命梅兰芳为院长，周信芳、程砚秋、张庚、罗合如、马少波为副院长。

1955年3月24日，上海京剧院成立，由华东戏曲研究院京剧实验剧团与上海市人民京剧团合并而成，院长由时任中国戏曲研究院副院长的周信芳兼任。

自此，周信芳作为梨园界的顶流表演艺术家，担任国家级戏曲院团和研究机构的领导职务，其目的是加强全国戏曲研究和创作，促进戏曲改革运动在全国范围内的开展。

八、五十华筵　全国巡演（1955—1958）

在周信芳的艺术生涯里，1955年4月11日令他终身难忘。由中华人民共和国文化部、中国文学艺术界联合会、中国戏剧家协会联合主办的梅兰芳、周信芳舞台生活五十年纪念会在北京天桥剧场隆重举行，盛况空前。这次纪念活动规格高、规模大、仪式隆重，影响深远。纪念会主席团由沈雁冰、周扬、钱俊瑞、夏衍、田汉、欧阳予倩、老舍、阳翰笙、洪深、曹禺、程砚秋、萧长华、马彦祥、张庚14人组成。

纪念会上，田汉作了题为《战斗的表演艺术家——周信芳》的报告，认为周信芳是位具有战斗精神的艺术家，这种战斗性体现在作品的思想内容和创作方法上：新编戏情感丰富，语言朴素，具有鲜明的倾向性；所创造的人物有大臣名将，也有市井小民，其中一些各自具有硬骨热肠、信守诺言、孤忠苦节的高尚品质；善于学习，不离开传统，发扬传统精华，又不受传统约束，不断创造。[1] 周信芳以《衷心感谢党和毛主席的培养和领导》为题致词，认为自己的贡献与国家给予的荣誉不很相称，这个纪念会充分显示出国家和人民对戏曲工作者的尊重与热爱，希望以后涌现更多有高度修养的戏曲艺术家和青年艺术家，来满足广大人民日益增长的文化生活要求。[2]

会后，自4月12日至17日，天桥剧场举行纪念

---

[1] 参见田汉《战斗的表演艺术家——周信芳》，载《田汉全集》第17卷，花山文艺出版社2000年版，第531—538页。

[2] 参见周信芳《衷心感谢党和毛主席的培养和领导——在梅兰芳、周信芳舞台生活五十年纪念会上的答词摘要》，载《周信芳全集》"文论卷一"，上海文化出版社2014年版，第95页。

演出，周信芳与梅兰芳合演《二堂放子》，梅演王桂英，周演刘彦昌，梅葆玥和高玉倩分别饰演沉香和秋儿，周信芳演出剧目还有《乌龙院》《清风亭》《文天祥》《扫松》等。4月16日，中国戏剧家协会举办梅兰芳、周信芳表演艺术座谈会，4月21日，北京市戏曲演员举行梅兰芳、周信芳表演座谈会，与会专家、艺术家对梅兰芳、周信芳在表演艺术上的成就给予高度评价。中央新闻纪录电影制片厂为纪念会拍摄了新闻纪录片，中央人民广播电台录制了现场实况，为当代京剧史留下珍贵的历史资料。

大会编辑《周信芳演出剧本选集》，田汉为选集写了"序"，《周信芳演出剧本选集》于1955年由艺术出版社出版，1960年由中国戏剧出版社再版，收录《四进士》《打严嵩》《投军别窑》《凤凰山·独木关》《清风亭》《乌龙院》《萧何月下追韩信》《徐策跑城》《赵五娘》《鸿门宴》《文天祥》11部剧本。

周信芳还到全国各地巡演，为地方工农兵群众带去高质量的美的艺术。1955年，他到东北巡演；1958年，他到中南、西南、西北、华北巡演，赴武汉、成都、西安、兰州、太原、石家庄等地。通过不断地下乡、下厂演出，周信芳认识到，和工人、农民交朋友，帮助他们劳动生产，学习他们的优良品质，对自己来说，是一次自我教育、自我改造的过程。对工人、农民弟兄来说，也将起到一定的鼓舞生产情绪的作用。[1] 巡演前后及过程中，他撰写了《小别》《在演出实践中改造自己》《向山城告别》《戏曲演员的思想改造和"红透专深"问题》《再会！热情的西安观众》《在"大跃进"中的石家庄演出》《向太原市的劳动人民告别》《七省巡回演出归来》[2]等文章，分别发表在上海、重庆、兰州、西安、太原、石家庄等地报刊上，体现出周信芳响应国家号召、积极向上的思想作风。

1956年3月，周信芳开始拍摄彩色戏曲电影《宋士杰》，应云卫、刘琼导演，上海电影制片厂出品。拍摄该片时，周信芳体会到戏曲人物舞台上的形体动作与心理体验相结合的重要性。他说："过去在舞台上演《头公堂》报门而进的时候，只是在走台步，脑子里是空虚的；拍摄电影以后在舞台上演出时就不同了——从门外走进大堂时，宋士杰是在考虑自己应该如何对付堂上的顾读，所考虑的话，也就是后来跪在堂上的一大段念白，因此，在举步时是随着锣鼓的节

---

[1] 参见周信芳《小别》，载《周信芳全集》"文论卷一"，上海文化出版社2014年版，第124—125页。

[2] 参见《周信芳全集》"文论卷一"，上海文化出版社2014年版，第124—137页。

奏由缓而紧、由慢而快，直到跪在堂前为止。"¹由此阐释，可知周信芳在塑造宋士杰时，十分重视在程式化表演中融入心理体验，细腻而生动地表现出人物的内心世界。

1956年10月下旬，周信芳任团长率中国上海京剧院演出团赴苏联，伊兵任副团长。演出团在苏联历时64天，演出53场，所演的剧目有《追韩信》《打渔杀家》《徐策跑城》《投军别窑》等20个，周信芳不辞辛劳地为苏联观众表演他的代表剧作，让麒派艺术誉满莫斯科和苏联艺术界。

九、创新传承　悲欢与共（1959—1975）

1959年，对于周信芳来说，是最光荣且努力奋进的一年。光荣的是，5月，周信芳成为一名中国共产党党员，并在7月1日的新党员入党宣誓大会上发表讲话。此时的周信芳已逾耳顺之年，但在思想上他仍然年轻，富有朝气，渴望上进，希望以一名共产党员的标准来要求自己，克服缺点，努力创造新的艺术形象，总结表演经验，培养下一代的接班人。努力奋进的是，9月30日，周信芳参与剧本讨论、导演和主演的大型新编历史剧《海瑞上疏》作为国庆十周年献礼在天蟾舞台演出，引起观众反响和专家关注，上海、北京媒体发表评论文章，从思想和艺术角度肯定该剧，彰显了周信芳奋力跟上时代，不断创新的思想脉动。

1961年，上海天马电影制片厂为周信芳拍摄彩色纪录片《周信芳的舞台艺术》，包括《徐策跑城》和《下书杀惜》，应云卫、杨小仲担任导演。1963年3月，《周信芳的舞台艺术》在全国公映。

为了继承和发展遗产，扩大上演剧目数量，周信芳除了参与行政事务，十余年来一直致力于上海京剧院保留剧目翻箱底和再评估的工作，重新整理《鹿台恨》《生死板》《斩经堂》等剧目，新排《义责王魁》。同时，他用文字记录个人的表演艺术经验，以供戏曲理论家研究时参考。因着以上契机，1961年，周信芳口述，卫明、吕仲记录的《周信芳舞台艺术》由中国戏剧出版社出版，全书详细介绍了《四进士》《清风亭》《乌龙院》《萧何月下追韩信》《徐策跑城》《打渔杀家》《义责王魁》7部麒派经典剧目的来源和流变，讲述剧中

1　周信芳：《从取长补短谈到新老结合》，载《周信芳全集》"文论卷一"，上海文化出版社2014年版，第142页。

人物和人物间的关系，每出戏各个角色的身段、动作、唱腔、念白的特色及如何表演，是一次对麒派表演艺术经验的学理性分析和总结。此书成为京剧老生行表演艺术经验总结的经典著作。

1961年12月16日，在田汉主持下，周信芳举行收徒仪式，李少春、李和曾、徐敏初、明毓琨四人拜周为师。周信芳在南方剧坛影响很大，当时40岁以内的做功老生都学他。周信芳一生收徒三十余人，大弟子是程毓章，在周信芳15岁时即拜入其门，早年收的徒弟还有高百岁、陈鹤峰、王富英、李如春、王少楼等；1949年以后拜师入门的，除了李少春等四人，还有沈金波、童祥苓、逯兴才、萧润增、张学海等；私淑的有小王桂卿、赵麟童等。麒派艺术还对京剧其他行当演员、地方戏演员、电影演员产生深刻的影响，如京剧武生王金璐、高盛麟，净行袁世海，旦行赵晓岚；沪剧演员邵滨孙；影星赵丹；等等，他们都曾从周信芳的表演艺术中汲取营养来滋补、丰富自己。

高百岁是周信芳的第二个弟子，拜师前，在梨园界小有名气。在一次合作演出中，高百岁主演，周信芳出于提携后辈的考虑为其配演，演出结束后，高百岁为麒派艺术所折服，遂拜周为师。高百岁曾与其师携手参与南国社活动，演出《潘金莲》。他与师父同台唱戏，在舞台上学习周师的表演技术和演戏原则，麒派剧目他几乎全会，表演风格神似乃师。

李少春学麒派也很有心得。他自小崇拜周信芳，感觉麒派表演"有劲"，学会几出戏以后，发觉周先生的表演不仅有劲，而且有"俏头"，他的唱、念、做，不管举手投足还是耍腔落字，必然赢得台下掌声雷动。再后来，他悟到演戏主要演人物，只有紧密结合人物，在感情里做戏，才能找到这"俏头"。[1]

袁世海被称为"麒派花脸"，从小是麒迷，在富连成坐科时，适逢周信芳进京演出，看了不少麒派戏，后曾与周信芳合作演出一些剧目。袁世海认为架子花脸的表演风格与麒派风格接近，都要求稳、准、狠，所以他的表演气质自然亲近麒派。他的唱、念、做等受到周氏影响，具体体现在抓水袖、踢蟒、耍髯口等方面均能结合剧情来表现人物。他受周信芳影响最大的剧目是《九江口》。

1965年，一出戏将周信芳推向时代的风口浪尖。

1　参见许锦文《文武全才：李少春》，上海人民出版社2012年版，第167页。

受《海瑞罢官》牵连,《海瑞上疏》被批判,周信芳也开始受到批判。1975年3月8日,周信芳在上海病逝,享年80岁。

1978年8月16日,周信芳同志平反昭雪大会在上海龙华革命公墓大厅举行,同时,举行骨灰安放仪式,巴金在仪式上致悼词。

结　语

"更有江南伶杰在,歌台深处筑心防。"[1] 作为京剧表演艺术家,周信芳具有英勇、果敢、不妥协、不屈服的顽强精神。他早慧早成才,生在戏班,成名在戏班,其走南闯北的商演经验为南北京剧搭建了对话的桥梁,成为京剧艺术的一代宗师。周信芳关注政治,观照现实,熔生活与艺术、思想与情感、通俗与高雅于一炉,"将粗犷的人心给以粗犷有力的表现"[2],折射出20世纪前半叶社会政治的发展轨迹和审美蜕变。周信芳摈弃门户之见和职业偏见,潜心观摩、钻研戏曲艺术传统和京剧同行的卓越成就,不断地向人民学习,向兄弟艺术学习,向文化遗产学习,向先进国家的优良艺术成就学习,融会贯通,锐意创新,推进传统京剧老生的现代转型与发展。周信芳以独树一帜的麒派艺术丰富和扩容了中国戏曲表演体系,其不断创新的舞台实践使他的作品具有鲜明的现代品性,为京剧艺术走向现代做出了卓越的贡献。

---

[1] 田汉:《贺周信芳同志演剧生活六十年》,载《田汉全集》第12卷,花山文艺出版社2000年版,第334页。
[2] 刘厚生:《周信芳在现代京剧史中的地位》,载《梅韵麒风:梅兰芳周信芳诞辰100周年纪念文集》,中国戏剧出版社1996年版,第294页。

贰

周信芳画传

艺术人生

　　周信芳7岁登台，从20世纪初到20世纪60年代中期，始终活跃在舞台上，一生上演了六百多出戏。在群星璀璨的中国戏曲历史长河中，周信芳的成就与意义已然超出了一般优秀演员的范畴。

　　他师承南北、兼容并蓄，既是传统的继承者，又是现代的革新者，他的一批代表作久演不衰，至今仍是京剧艺术宝库中的珍品。他塑造的一系列有血有肉、内涵丰富的舞台角色，给人们留下了不可磨灭的记忆。他开创了京剧艺术的重要流派——麒派，他在表演艺术上追求完整性，重视唱、念、做、打与编、导、音、美的一体化，强调"夫戏剧本非一人之戏剧，亦非一部分可称为戏剧，务须全体演员聚精会神表演，方能成为戏剧"，形成独立的表演体系。他的表演体系不仅影响了京剧生行的发展，也让其他行当、兄弟剧种乃至话剧、电影的演员们获益良多。他的艺术思想不止于舞台，他的爱国深情和社会责任感值得人们铭记。

南北求索（1895—1925）

周信芳出生于一个并不著名的京剧艺人家庭，自小随着戏班四处为生计奔波。他曾经说过："我在流浪中开始了演剧生活。"幸运的是他有着不寻常的天赋，也遇到了许多良师益友，从启蒙的老师陈长兴、王玉芳，到沪上名伶王鸿寿、李春来、汪笑侬、冯子和，还有京派代表谭鑫培、孙菊仙，再到现代戏剧的开拓者欧阳予倩、田汉等。他说过，任何人他都学，任何行当他都学，任何戏剧他都学。他艺术生涯的初期走南闯北，从江南水乡到北国边地，甚至远至海参崴、双城子。每到一处，他了解当地的风土人情、历史故事，也在每一个舞台上珍惜与前辈同行同台的机会。"行万里路，读万卷书"成了周信芳一生艺术创作的宝贵源泉。

周信芳 20 世纪 10 年代留影

周信芳于1895年1月14日出生在清江浦永泉巷东虹桥头毗庐庵边的一间小屋，其祖籍是浙江宁波的慈城，父亲为周慰堂，母亲为许桂仙。周信芳的先祖在明代曾官至江西道监察御史，后代也多人入仕，到后来家道中落。周慰堂原在布店当学徒，痴迷于京剧。许桂仙的春仙班来演出，周慰堂天天去看戏，决定"下海"入了戏班，也跟许桂仙结了婚。这一举动在周氏宗族引起很大震动，族长将周慰堂及其后代逐出祠堂。周慰堂并不屈服，就此跟随春仙班过上了跑江湖唱戏的生活。

上图 ｜ 周信芳出生地，原址不存，现复建了周信芳故居（淮安市清江浦区都天庙前巷11号）
下左 ｜ 周信芳父亲周慰堂
下右 ｜ 周信芳母亲许桂仙

上图 | 周信芳（右）幼时与同班童伶留影
下图 | 1906年1月6日，麒麟童演出《打渔杀家》的广告

1906年1月6日，《申报》上第一次出现周信芳以"麒麟童"艺名演主戏的广告。

上图 | 少年周信芳
下图 | 《莲花湖》，周信芳饰韩秀，曹宝峰（右）饰胜英

上图 | 1908年，周信芳（右二）在北京与艾飞虎（右一）、朱如云（左二）等合影
下图 | 周信芳（左）之《战蒲关》戏画

1907年，周信芳到北京，与梅兰芳、林树森、贯大元等一同入喜连成科班搭班学艺。在这段时间里，周信芳和梅兰芳首次合作，演出了《九更天》《战蒲关》等剧。

1909年，周信芳与苗胜春（中）、周月来（左）合影

《群英会》（1911，海参崴），周信芳饰鲁肃，李曼云（中）饰周瑜，苗胜春（右）饰诸葛亮

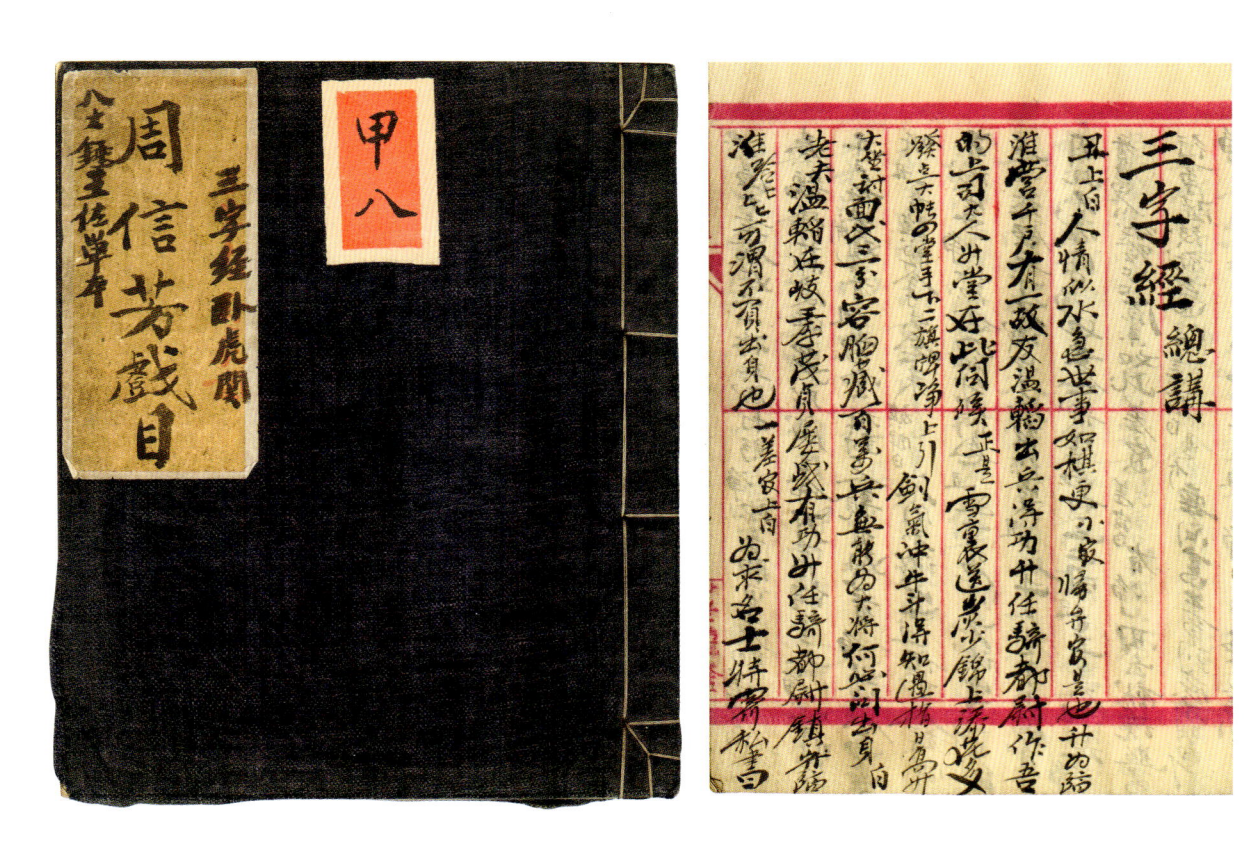

1911年7月至8月，周信芳在海参崴手写戏目

1912年4月21日，周信芳在迎贵仙园演出广告

1912年，周信芳重返申城，先入四盏灯主办的迎贵仙园，后入新新舞台。这一年，他曾与父亲周慰堂同台献艺，还与京剧武旦刘祥云之女刘凤娇结婚，婚后周信芳与刘凤娇两人育有一子（周丕承），二女（周采蘩、周采蘋）。

刘凤娇

周信芳初入丹桂第一台时留影

周信芳童年时期大部分时间在南方习艺成长，在向许多南派名角请益的同时，他也汲取了许多来南方演出的北派大家的艺术滋养。后来，他长期与南北各路名家同台，在不断的舞台实践中得到磨炼。

周信芳在《十年来的舞台生活》一文中写道："在艺术上，我从来是反对'闭关自守'的，早年，我有幸常常看到'须生泰斗'谭鑫培的表演；我长期地和前辈艺术家汪笑侬、王洪（编者按：一般作'鸿'）寿（老三麻子）同台演出；我对花脸刘永春的唱和花旦冯子和的创造脚色感到浓厚的兴趣……"（周信芳：《十年来的舞台生活》，载《周信芳戏剧散论》，中国戏剧出版社1960年版，第26页）

第一位对周信芳有着深远影响的是王鸿寿，周在《最难演之〈雪拥蓝关〉》中写道："我界前辈王鸿寿（即三麻子），京徽诸剧，文武皆能。红生尤为著名。徽班名剧，如《扫松下书》、《吴汉杀妻》（即《斩经堂》）、《徐策跑城》等，其剧本留传京班，皆始于鸿寿先生也。"（周信芳：《最难演之〈雪拥蓝关〉》，载《周信芳戏剧散论》，中国戏剧出版社1960年版，第47页）

《过五关》，王鸿寿饰关羽

孙菊仙

孙菊仙是程长庚弟子，与谭鑫培、汪桂芬并称为老生"后三鼎甲"，1900年赴沪，先后与潘月樵、李春来等合办天仙茶园、春仙茶园，并参与创办上海新舞台。此后，周信芳深受孙菊仙的器重，向其学到了《逍遥津》《四进士》等戏。

《铡判官》，刘永春（前排右三）饰包拯，高得禄（前排左三）饰判官

刘永春是清末著名铜锤花脸，声洪调高，擅演《探阴山》《铡美案》《铡包勉》等黑头（包公）戏，清光绪年间到沪演出，名噪梨园。刘永春最喜提携后进，曾与周信芳同隶春桂茶园。1906年7月，童伶十三元初到春桂，打炮戏之一为《捉放曹》，管事派周信芳客串曹操。刘永春将念白、唱腔、身段——教给周信芳，并亲自为他勾脸。自此，周信芳一直铭记着刘永春的恩情。

《义旗令》，李春来饰黄天霸，沈韵秋（右）饰薛金龙

1906年，周信芳拜南派武生宗师李春来为师，学习了《狮子楼》《四杰村》以及《落马湖》的走边和《翠屏山》的刀花，为日后的艺术生涯打下了坚实的武戏基础。

1907年，周信芳到北京喜连成科班搭班学艺，班中总教习萧长华对他十分喜爱，还曾陪他唱过《钓金龟》（周信芳唱老旦康氏）。1959年，萧老将孙辈中唯一唱老生的萧润增送到上海拜师学习麒派。1961年，周信芳演剧生活六十年纪念活动在北京召开，83岁高龄的萧长华出席活动，并发表了文章《重聚话今昔》。萧老这样回忆14岁的周信芳："上台也从不偷懒懈怠，总是一团精神，全神贯注，认真卖力。尤其叫人佩服的是：他在台上最'开窍'，能保着同场的配角，遇到有人错念了或少念了词句，他却能不慌不忙，不动声色地为之弥补、遮掩、补填漏洞，瞒过观众的耳目，保全住戏的完整。一个十几岁的小孩，能有这个样的火候，实在难得。"（萧长华：《重聚话今昔》，《戏剧报》1962年第1期）

萧长华

1961年12月26日，周信芳在其演剧生活六十年纪念活动结束离京返沪时，萧长华（右）来到车站送行，让周信芳感动不已

1909年，周信芳在天津搭班，同台的有京剧革新家吕月樵和以编演时事戏著名的坤伶金月梅。在前辈的引领下，周信芳对编演新戏产生了兴趣。这段时期，他为金月梅配演的新编剧目有《二县令》《好心感动天和地》《吕大郎还金完骨肉》《巧奇冤》等。

吕月樵

金月梅

1912年，周信芳在上海新新舞台有了与谭鑫培同台的机会。谭鑫培丰富的脸部表情、眼神，富有变化的语气以及刻画人物性格的特殊表演技巧，给了周信芳很深刻的教育。周信芳还请冯志奎雇了马车把谭鑫培邀到家里来说戏。周信芳在《谈谭剧》中写下了自己对谭鑫培艺术的崇敬："大抵色色兼能，无美不备，学谭真非易易也。"（周信芳：《谈谭剧》，载《周信芳戏剧散论》，中国戏剧出版社1960年版，第12页）周信芳潜心学习领悟谭派真谛，后被认为是"学谭最好"的生角。

《群英会》，谭鑫培饰鲁肃

谭鑫培

20世纪初，京剧界崛起一批改良京剧的代表人物，有汪笑侬、潘月樵、夏月珊、夏月润等。他们编演改良新戏、创办戏曲理论刊物、创办新式舞台。1912年，周信芳身处上海，深受前辈革新精神的鼓舞，追随先贤的足迹，毅然加入了京剧改良运动的行列。

潘月樵

夏月珊

夏月润

1915年10月13日的《篡位大汉奸》演出广告

1919年5月21日的《学拳打金刚》演出广告

1915年，袁世凯准备登基称帝。爱国艺人们编演《篡位大汉奸》，借古喻今谴责袁世凯。该剧1915年10月13日首演于丹桂第一台，周信芳饰王莽，冯子和、马德成等合演。

1919年，五四运动爆发，5月21日周信芳在丹桂第一台首演了任天知编写的时事新戏《学拳打金刚》，如实反映了在北京发生的群众运动。

周信芳、冯志奎（右）之《下河东》戏画

冯志奎71岁时僧装留影

冯志奎曾与周信芳在丹桂第一台长期合作，是周信芳舞台生涯早期重要的搭档，有"海上第一花脸"之誉。他与周信芳除在《打严嵩》《华容道》《下河东》等传统戏中有精彩合作外，还一起参与了《张松献地图》《麦城升天》《哭祖庙》等新剧目的排演。

在上海新新舞台以及丹桂第一台演出时期，周信芳与冯子和同台过不少戏，还多次参演冯创作的新戏。冯子和是南方名旦，编演了许多富有进步意义的新剧目，给周信芳以积极的影响。

上图 | 《新茶花》，冯子和饰辛瑶琴
下图 | 1932年1月，周信芳在青岛与冯子和等同人合影。前排左起：赵云卿、冯子和、周五宝；后排左起：刘韵芳、周信芳、刘斌昆

1915年，周信芳入上海丹桂第一台，与汪笑侬同台，直接受到这位京剧改良运动主将的指导和教诲。周信芳对汪笑侬善于编写剧本的本领和锐意进行艺术改革的精神，极其钦佩，他自己的艺术创作同样贯穿着这样的精神。

汪笑侬

《碰碑》，汪笑侬饰杨继业

汪笑侬赠周信芳书画扇面（路增远提供）

欧阳予倩在1907年留学日本时参加话剧团体春柳社，演出了《黑奴吁天录》。他回国后致力于话剧运动，并学习、演出京剧。1916年，欧阳予倩加入上海丹桂第一台。与周信芳两人一见如故，志同道合。他们合作演出较多的一出戏是《黛玉葬花》，是上海舞台第一出古装扮相戏。周信芳在扮演贾宝玉这一人物时创造了独特的大嗓小生，颇受瞩目。

欧阳予倩

《黛玉葬花》，欧阳予倩饰林黛玉

《黛玉葬花》，周信芳饰贾宝玉

1916年，周信芳（右一）与欧阳予倩（中）、李琴仙（右二）、查天影（右三）等合影

周信芳与欧阳予倩在丹桂第一台的合作大约有半年的时间，结下了深厚的友谊。1927年年底，欧阳予倩与周信芳创排了新戏《潘金莲》，先在南国社"鱼龙会"上内部演出，在剧界取得较大反响。除欧阳予倩外，周信芳还结识了一批新剧表演者，他们共同从剧本、表演、舞台美术各个方面进行了改革的尝试。

《潘金莲》，周信芳饰武松，欧阳予倩（右）饰潘金莲

1916年，年仅21岁的周信芳担任了丹桂第一台的后台经理，之后他邀请了很多南北名角来丹桂登台。南派名角有王鸿寿、汪笑侬、冯子和、欧阳予倩、盖叫天等；北派名角有余叔岩、金少山、高庆奎、尚和玉等。周信芳常常给他们配戏，一同进行创作交流，在这段时间他拓宽了戏路，艺术视野和水平也得到了提升。1923年2月，周信芳脱离丹桂第一台，北上巡演。他在海轮上将元杂剧《临江驿潇湘秋夜雨》改编为京剧《临江驿》，在烟台与高百岁师徒两人首演，声势极盛。

上图 | 1920年3月1日，丹桂第一台日戏戏单，大轴为高庆奎、王灵珠、周信芳合演的《麒麟阁》六本

下图 | 周信芳（二排右二）与家人合影，一排左四为周信芳长子周丕承

《临江驿》，周信芳饰崔文远

癸亥年小陽月念二日攝影於天津日界旭街鼎章照相館是年三十歲信芳小影記

1923年11月29日，周信芳在天津留影

周信芳与父亲周慰堂（左）

1925年，周信芳陪父亲回到慈城老家，参与了在该镇鼎新路口重建周家祠堂全思堂的活动，现在此处还保留着《重建全思堂碑记》。

流派新成（1926—1935）

1927年，周信芳加入上海天蟾舞台，成为台柱。天蟾舞台拥有更为雄厚的阵容和财力，在此后几年中，周信芳编演了《龙凤帕》《华丽缘》《封神榜》等一系列极有影响力的连台本戏。周信芳的艺术日渐成熟，积累了一批长演不衰的本戏，伶界有了一批周信芳的从学者，社会上也有了一批拥趸，麒派应运而生。

1931年，"九一八"事变爆发，周信芳作为一个有血性的艺术家，创排《满清三百年》，决心以戏剧唤醒民心。"一·二八"淞沪抗战后，他组织移风剧社北上演出，要把苟且偷安、妥协投降的风气转变过来。这一次北上，周信芳的《萧何月下追韩信》《明末遗恨》等剧目令北方的同行和观众刮目相看。自此，"百口齐唱萧相国，万人争看薛将军"，麒派在上海已趋成熟。

周信芳 1927 年留影

1927年2月，天蟾舞台推行男女合演体制，周信芳受邀加入，担任台柱。在天蟾舞台的五年，是周信芳艺术走向成熟、麒派逐渐形成的时期。周信芳加入后，天蟾舞台第一个策划便是"南麒北马"合演。周信芳与马连良在合作中，互相挎刀，各展所长。

上图 | 1927年2月12日（丁卯年正月十一），周信芳、马连良在日场戏各自演出，在夜场戏合作演出的广告

下图 | 《群英会》，周信芳饰鲁肃

左图 | 周信芳演出《华丽缘》后台留影（周英华提供）
右图 | 《龙凤帕》头本，周信芳饰张奎

马连良北归后，周信芳开始在天蟾舞台编演连台本戏《华丽缘》《龙凤帕》等，受到内外行推崇。一群热心票友组织了"麒社"，为麒派大张旗鼓。

周信芳画传 | 061

《封神榜》头本，周信芳饰姜子牙

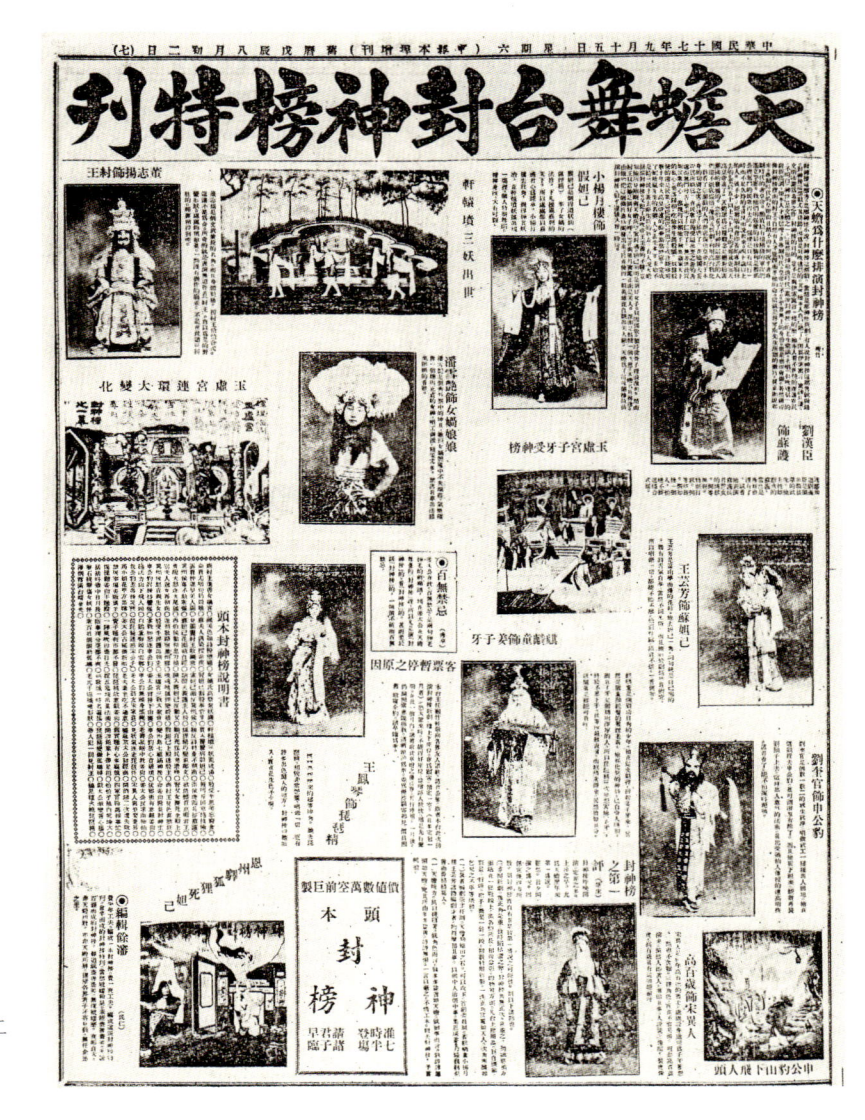

1928年9月15日，《申报》上的《〈封神榜〉特刊》

《封神榜》实景特效照，周信芳（左二）饰姜子牙。当时在此戏的舞台演出中，主创尝试运用电影表现特效（周英华提供）

周信芳 画传

上图 ｜ 从20世纪的头十年到20年代，周信芳由京剧改良运动的追随者，逐步成为队伍的中坚力量。他不但用自己编的新戏来参与京剧改革，也在《梨园公报》上发表文章来表达自己的思想和艺术理念。1928年9月5日的《梨园公报》创刊号，周信芳署名"士楚"开始发表连载文章《谈谭剧》

下图 ｜ 1928年，周信芳在真如梨园公墓留影

1928年12月24日，周信芳与友人参加圣诞派对合影。左起：王乃寿、高百岁、周信芳、王芸芳、张景秋

周信芳与裘丽琳（右）

周信芳与刘凤娇长期分隔两地，感情不和，到20年代中期已经分居。几年后周信芳与裘丽琳相遇相爱，相伴一生。裘丽琳在周信芳人生屡次遭受危机磨难之时，都风雨同舟、相濡以沫。两人共育有六个子女，分别为周采藻、周易（原名周采蕴）、周采芹、周少麟（原名周菊傲）、周英华、周采茨。

1929年，周信芳与高庆奎等南北名伶合影。左起：高庆奎、田桂芳、高连奎、陈少甫、刘奎官、高百岁、周信芳、王芸芳

周信芳与高百岁（左二）、王芸芳（右一）、张景秋（左一）合影，彼时周、高、王被称为"天蟾三杰"

1929年12月9日，周信芳与伶界联合会同人就梨园公墓迁葬一事赴真如梨园公墓考察合影。左起：沈冰血、周信芳、韩金奎、葛华卿、宋玉珊、赵如泉、佚名、伍月华、佚名、陈嘉祥、陈月楼、小杨月楼

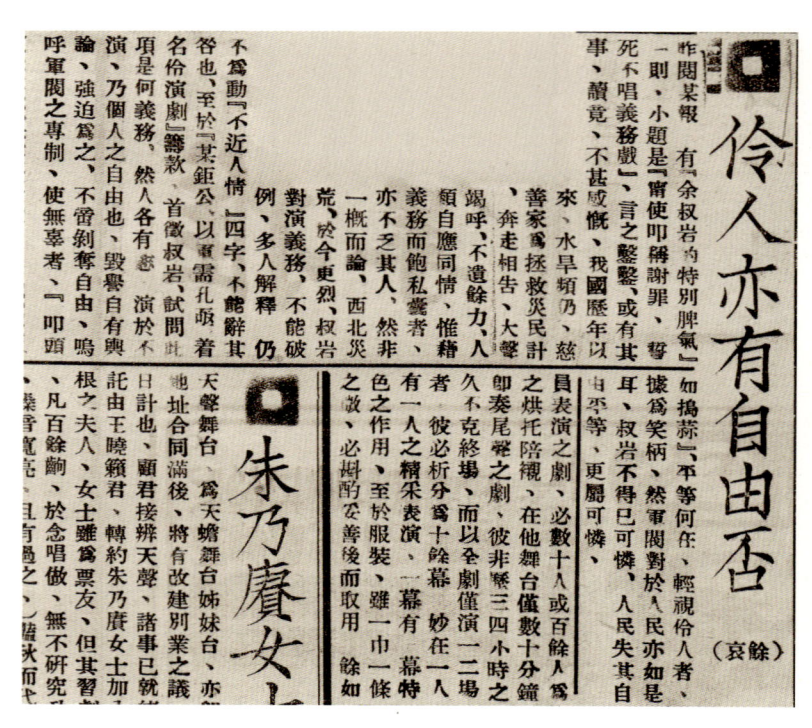

1930年9月23日，周信芳在《梨园公报》发表的《伶人亦有自由否》

周信芳 1930 年留影

周信芳（右二）与王芸芳（右一）、陈鹤峰（左一）等合影

1931年，顾无为因《啼笑因缘》版权与明星公司产生纠纷，邀请上海影剧界友人聚会商议，并合影留念。前排左起：刘筱衡、常云恒、朱双云、欧阳予倩、陈大悲、林树森、周信芳、赵如泉；后排左起：李元龙、鲍琴轩、陈秋风、顾无为、张善琨、汪仲贤、应云卫、夏赤凤

1931年9月18日，"九一八"事变爆发。当时，周信芳正在天蟾舞台演出《封神榜》，一天演完夜戏在化妆间卸妆时，他看到了晚报上日本入侵东北的消息，悲愤不已。他连夜与戏院老板、戏班同人商议。他说，我们不能像《封神榜》里的姜太公那样再稳坐钓鱼台了，要演能唤起民心的戏。在大家的支持下，他开始着手准备新戏。之后，即有连台本戏《满清三百年》等剧目上演鼓舞爱国斗志。

20世纪30年代的天蟾舞台

《满清三百年》头本，周信芳饰乌拉特

《满清三百年》二本，周信芳饰崇祯帝

周信芳演出《明末遗恨》时在后台留影

扫码欣赏
《明末遗恨》片段

《明末遗恨》，周信芳饰崇祯帝，刘韵芳（右）饰王承恩

1932年，"一·二八"淞沪抗战爆发后，周信芳脱离天蟾舞台，组织移风社开始了漂泊的演出生活。周信芳与移风社主要成员合影。左起：刘韵芳、刘斌昆、周信芳、周五宝、王瀛洲（周英华提供）

周信芳（左一）北上演出时，与家人及移风社同人合影

1932年10月26日，北平梨园公会欢迎周信芳及移风社同人合影。前排坐者左起：刘斌昆、王少楼、贯大元、荀慧生、尚小云、周信芳、梅兰芳、佚名、周五宝、刘韵芳

1933年，周信芳与马连良（左）在天津春和大戏院再次合作

上图 | 1934年，周信芳在汉口留影
下图 | 1935年10月1日，周信芳与裘丽琳（左）举行婚礼（周易提供）

1935年，周信芳应黄金大戏院之聘，重回沪上舞台。4月，周信芳返沪，麒艺联欢社同人设宴为周洗尘，并合影留念。前排：周信芳（左六）、袁履登（左七）、朱联馥（左八）；后排：汪其俊（左三）、蔡钧徒（左五）、张中原（左六）、陈鹤峰（左七）、王雪尘（左九）、戎伯铭（左十一）

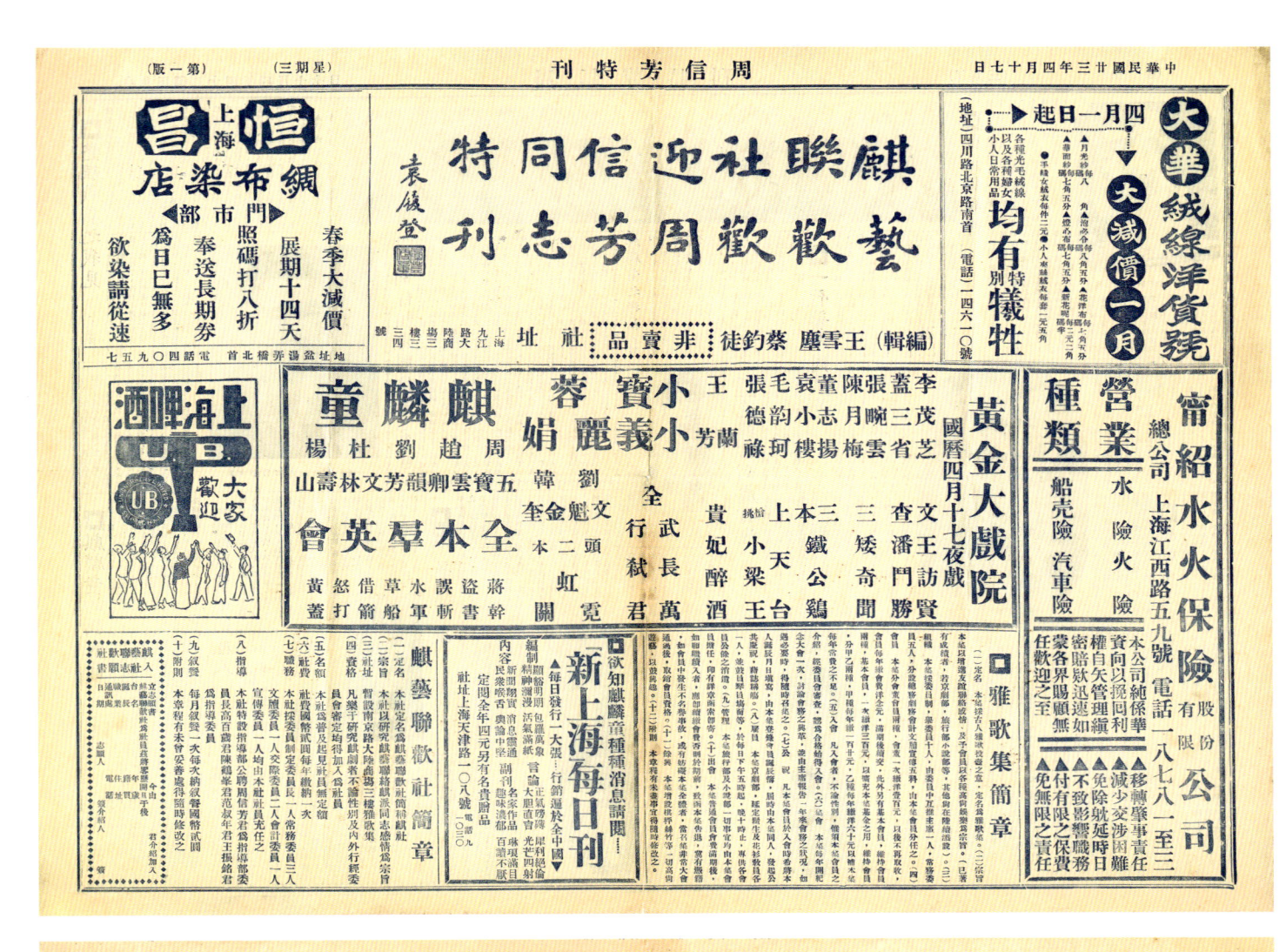

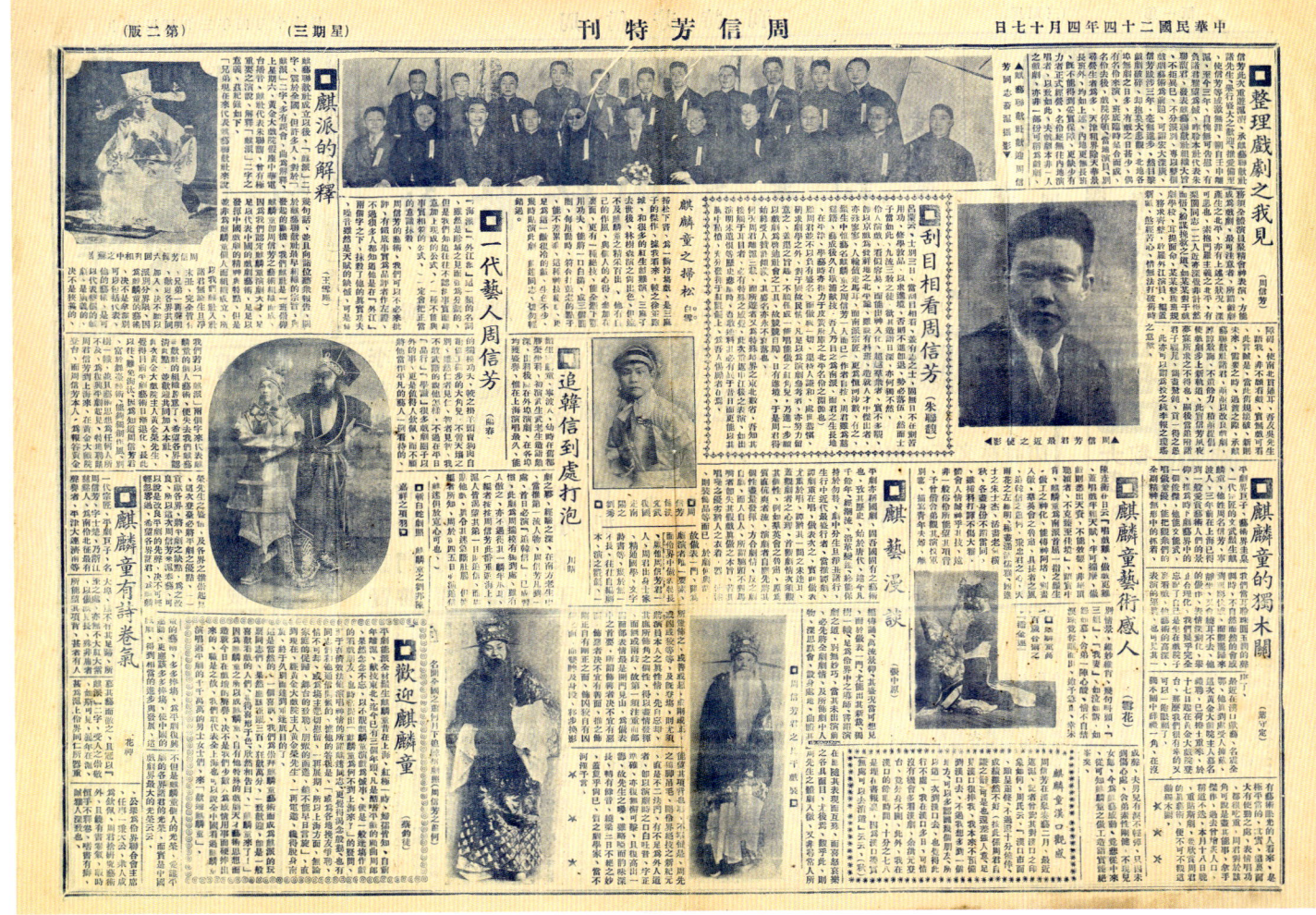

1935年4月17日发行的《麒艺联欢社欢迎周信芳同志特刊》

傲骨凌寒（1936—1948）

七七事变发生后，周信芳带领剧团排除万难回到上海，立刻投入了抗日救亡运动。在"孤岛"时期，他以卡尔登大戏院为阵地，"歌台深处筑心防"，《明末遗恨》《徽钦二帝》成为他对抗侵略者的艺术长城。在民族危亡之际，他始终保持民族独立的自由的意志，发民族之不平，歌人民之心声。解放战争时期，周信芳靠拢进步团体和中共地下组织，反对"艺员登记"，还在《文汇报》上公开发表文章《反对内战，解民倒悬！》。面对反动势力的恐吓，他说他已准备带着铺盖去坐牢，显示了大无畏的昂扬斗志。

周信芳 1936 年留影

1936年，周信芳应上海华安影业股份有限公司之邀，与袁美云合作拍摄戏曲影片《斩经堂》。《斩经堂》电影片场合影，站立者右四、右五为主演周信芳、袁美云，前排右侧下蹲者为艺术指导费穆，站立者左三、左五为摄影黄绍芬、导演周翼华（周英华提供）

扫码欣赏
《斩经堂》唱段

《斩经堂》电影剧照，周信芳饰吴汉，袁美云（左）饰王兰英

上海街头的电影《斩经堂》广告

1937年周信芳与上海黄金大戏院约满后，率领移风社北上平津时曾在天津中国大戏院演出。周信芳赠天津中国大戏院之剧照（龚和德提供）

上图 | 1937年4月，天津报人欢迎周信芳、王芸芳合影。
前排左起：叶庸方、王芸芳、周信芳、王元龙；
后排左起：许良灏、乔伯光、姚灵犀、姚惜云、魏病侠
下图 | 1937年，周信芳在北平演出后台（丁嘉鹏提供）

1937年10月6日，戏剧界救亡协会座谈会合影（辨识出部分人员并标识，请扫码查看）

周信芳与高百岁（右）演出《明末遗恨》时在后台合影（周英华提供）

1937年11月，日寇占领上海，上海只剩下英公共租界和法租界成为"孤岛"。周信芳与欧阳予倩留守"孤岛"坚持抗日救亡运动。周信芳带领移风社在卡尔登大戏院（有时或称"卡尔登戏院"）坚持了四年之久，《明末遗恨》与《徽钦二帝》是这一时期周信芳演出的影响最大的两出剧目。在卡尔登大戏院的四年中，周信芳还排演了自己艺术生涯中最后一部连台本戏《文素臣》。

《徽钦二帝》，周信芳（前中）饰宋徽宗

上图 | 《文素臣》五本，周信芳饰文素臣
下图 | 《文素臣》头本，周信芳饰文素臣，
　　　　王熙春（左）饰未鸾吹

周信芳 1938 年留影

周信芳与弟子李如春（右）

1938年，周信芳（中）与弟子程毓章（右三）、高百岁（左三）、陈鹤峰（右二）、杨宝童（右一）、王富英（左二）等合影

1938年，《十日戏剧》上刊载的周信芳演出《四进士》留影

《雷雨》演出后合影。前排左起：桑弧、金素雯、周信芳、朱端钧、马蕙兰、张慧聪、胡梯维；后排左起：高百岁、唐大郎、陈灵犀、何海生

《雷雨》演出广告

1940年1月23日，上海进步人士为救济难民，联合举办慈善义演。周信芳的移风社与文化界人士联合演出了话剧《雷雨》。周信芳扮演主角周朴园，其他角色由移风社的演员及部分电影界、新闻界人士扮演。

《雷雨》，周信芳饰周朴园

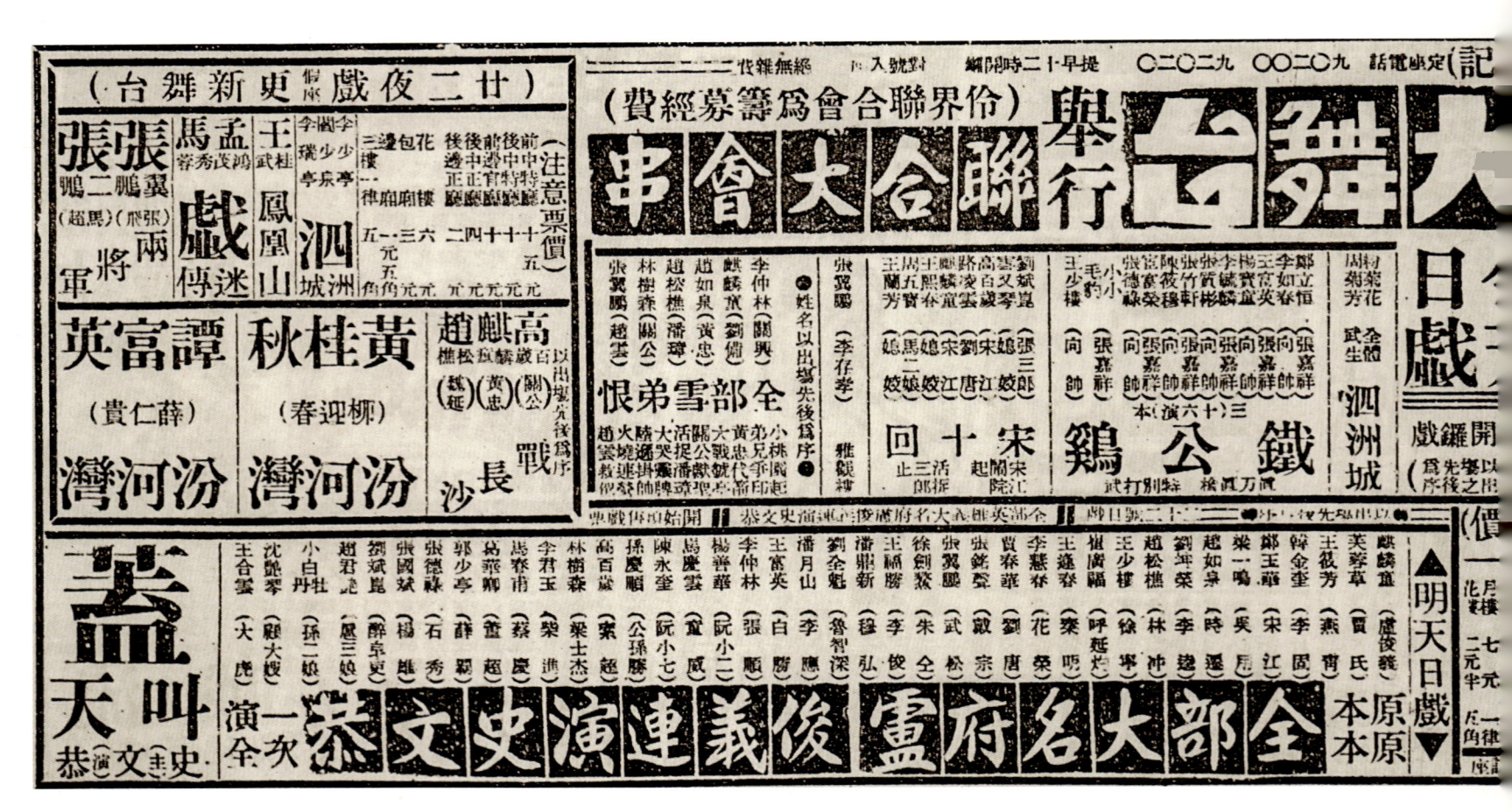

1940年8月21日,《申报》上的伶界联合会义务戏演出广告

为保住上海伶界联合会救济失去依靠艺人的梨园坊,周信芳等开始组织上海各大戏院同人演出义务戏,第一轮便是1940年8月20日到22日的三天四场,云集各班名角,全梁上坝,盛极一时,以至于不少外地观众远道来沪观赏。周信芳在这一系列义务戏中很卖力气,劳累过度发起了高烧,到22日晚场与赵松樵的《战长沙》他仍坚持完成。此次义演结束后,周信芳终因太过劳累,患脱力伤寒重症,卧病一个多月,直到10月才重新登台。在后续义演中,他演出了《四郎探母》《贩马记》《群英会》等戏。

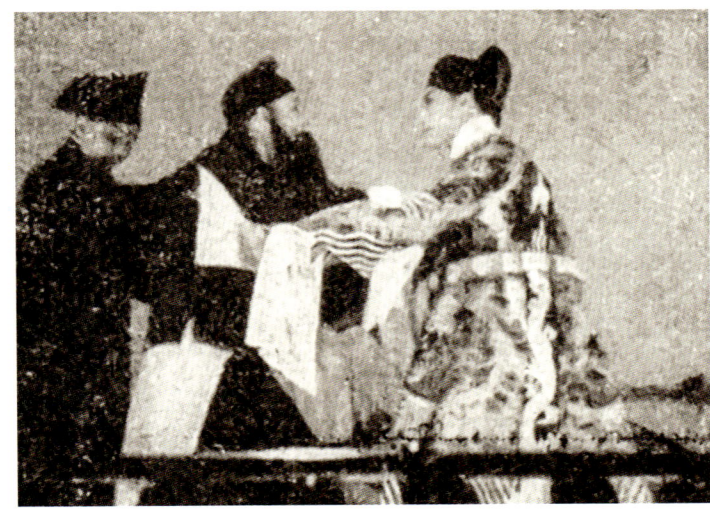

上图 | 《四郎探母》（1941），周信芳饰杨延辉，新艳秋饰铁镜公主，高百岁饰佘太君
中图 | 《贩马记》（1941），周信芳饰李奇，新艳秋饰李桂枝，李君玉饰李保童
下图 | 《群英会》（1941），周信芳饰鲁肃，叶盛兰饰周瑜，叶世长饰诸葛亮

周信芳与子女合影。左起：周少麟、周采藻、周英华（怀中婴儿）、周信芳、周采芹、周易

上图 | 1941年，周信芳为电影《古中国之歌》题词
下图 | 1942年，周信芳夫妇宴请艾尔达合影。前排左起：周采芹、周易、塔尼娅（艾尔达女儿）、裘罗氏（裘丽琳母亲）、周采藻、周少麟；后排左起：丁毓珠、艾尔达、裘丽琳、周信芳、佚名、朱芝灵（周易提供）

民华影业公司摄
上海戏剧学校学生合演
古中国之歌
贯穆先生遵十通处让以保存
固有优美为旨经此提示使
古歌敷明道益光显
周信芳题

上海沦陷后，汪伪特务机关"76号"频频骚扰周信芳，头目吴四宝更是屡次威逼周信芳去唱堂会。周不愿为汉奸演出，吴四宝恼羞成怒将周带到"76号"行刑室"参观"。裘丽琳为保护丈夫，将他送到了自己的葡萄牙友人艾尔达家中暂避。事后，周信芳夫妇曾在家中设宴答谢艾尔达。

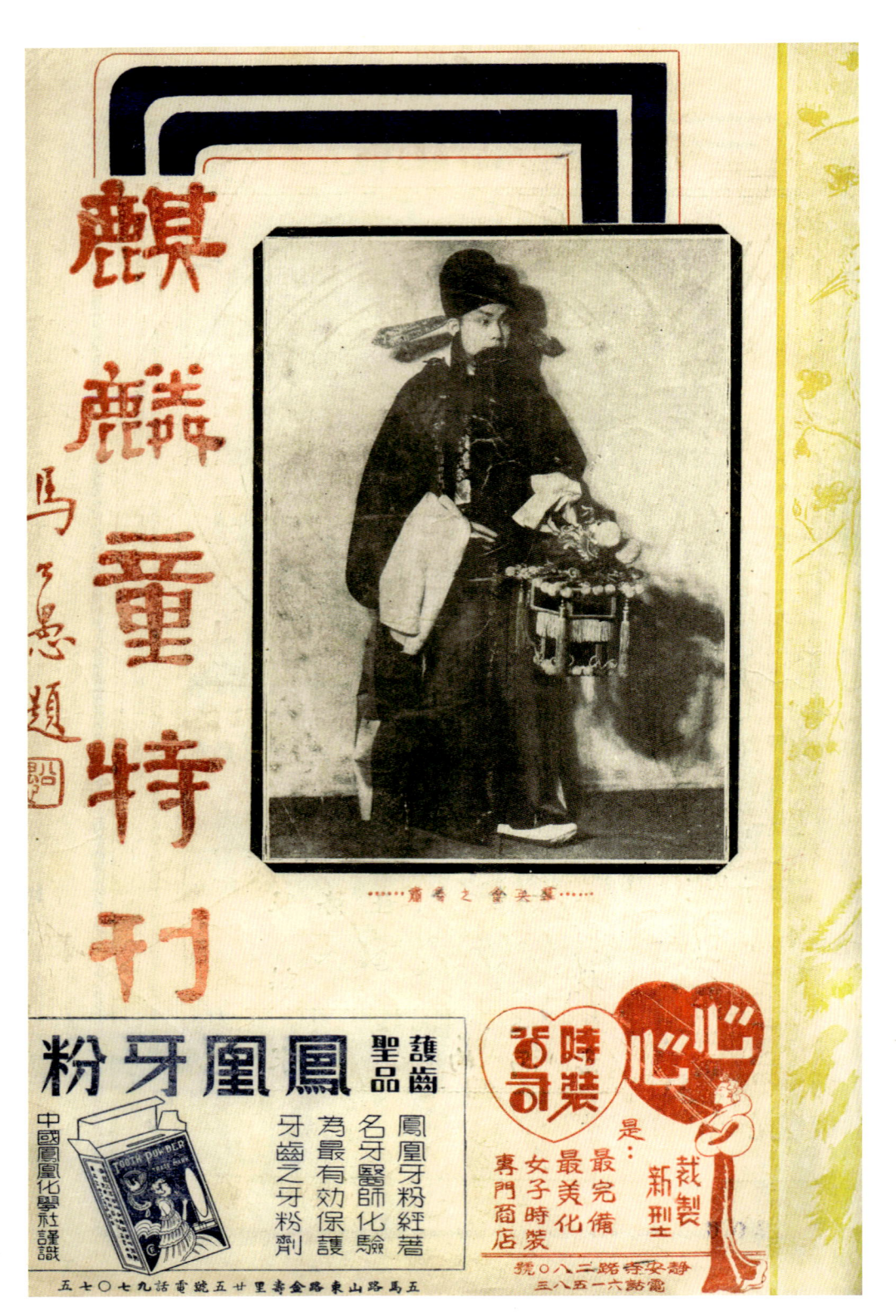

1943年的《麒麟童特刊》

1943年9月14日中秋，甲午同庚会在上海榕园首次集会合影

1943年，郑午昌、梅兰芳、吴湖帆、范烟桥、周信芳等沪上20位诞于甲午年的名人志士组成"甲午同庚会"，他们在五十大寿之际，嗟叹国土战乱、黎民疾苦，因此成立此会以甲午同庚为缘，行抗日拒伪之本。此后五年，每逢元宵、中秋佳节，会员们均相约聚会。

《甲午同庚纪念册》登载着该会12次聚会的概况及参加人员的签名，由周信芳保存，独此一本

甲午同庚者三十八人合為千龄癸未中秋集於海上榕園，裙屐偕來琴樽聯誼，一時稱盛甲申上元再集於萬壽山，滑塵祝同人之遊夢壽卜家國之長春題襟留念以垂永久

黃金榮　秦清曾
孫伯繩
汪溈塵　吳嫩帆
陸書田　洪更謀
蔡聲白
俞頌華　梅蘭芳
徐光霄　陳少孫
周信芳　張旭人
　　　　鄭香廕
章卓俊　席鳴九

1944年2月8日甲申年元宵，甲午同庚会第二次集会签名

烽烟九载未相思,重逢讵料年事欲狂!勒肩投营等,炼狱,徽宗去国信苍凉,赞谢客卿梅大,洗尽铅华归农;羡玉霜,支南江南作忠者,歌老深莽莱心防。

1946年田汉赠周信芳诗

1946年3月，周信芳与影剧界人士合影。前排左起：史东山、田汉、周信芳、蔡楚生；后排左起：于伶、孟君谋、潘子农

上图 | 1946年5月，周信芳与田汉、郭沫若等前往虹桥万国公墓为鲁迅扫墓。左起：于伶、郭沫若、许广平、冯乃超、田汉、周信芳

下图 | 1947年，祭扫鲁迅墓合影。站立者左起：佚名、高百岁、安娥、常清贞、黄琪翔、周信芳、田汉、洪深；左下角单人照为许广平

反對內戰，解民倒懸！

周信芳

物價暴漲，捐稅苛重，民不聊生，這都是內戰的惡果。馬敘倫先生等十位人民代表，不辭勞苦，奔走籲命，呼籲和平，要求停止內戰，這是我們人民的公意。代表們被暴徒毆辱，也無異我們大家被毆辱。我們決不能為這種暴力所屈服！希望各位代表們再接再厲，反對內戰，奮鬥到底！內戰一日不停，人民的倒懸即一日不能解，反對內戰，解民倒懸！

1946年6月29日，上海文化界进步人士发起了"反内战 争自由"的签名活动，周信芳在《文汇报（上海）》发表《反对内战，解民倒悬！》

1947年2月，第四届戏剧节在上海举行，14日在天蟾舞台举行各剧种观摩公演，周信芳与梅兰芳在大轴上演《打渔杀家》，15日在黄金大戏院举办庆祝大会。周信芳与剧界同人在庆祝大会上。前排左起：周信芳、梅兰芳、梁一鸣、曹慧麟、白玉艳；后排左起：李瑞来、王玉让、李四广、陈筱穆、韩金奎、张白云、刘坤荣

上图 ｜ 周信芳与梅兰芳（右）合影
下图 ｜ 《打渔杀家》，周信芳饰萧恩，梅兰芳（左）饰萧桂英

周信芳 画传

1947年，周信芳与影剧界同人聚会合影（辨识出部分人员并标识，请扫码查看）（雷翼鸣提供）

松心未凋（1949—1975）

中华人民共和国成立后，周信芳积极投入新的文化建设中。他担任了许多重要的社会职务，工作繁忙，却依然坚持在艺术上继续耕耘，在舞台上为人民大众服务。除了日常演出外，还经常送戏到工厂、农村、部队，风尘仆仆地为祖国各地的观众献上精彩的演出。老骥伏枥，志在千里，这一时期周信芳创排了《义责王魁》《海瑞上疏》《澶渊之盟》等新戏。对于老戏，他也进行了重新整理和加工，先后出版了两本剧本选集，共收录15种剧目。他还系统地总结了《四进士》《清风亭》《乌龙院》等7出戏的表演艺术经验，出版了《周信芳舞台艺术》。他的《宋士杰》《徐策跑城》《下书杀惜》也先后被拍成了彩色戏曲艺术片流传后世。对于周信芳的艺术成果，田汉曾有诗赞叹"六十年来磨一剑，精光真使石金开"。

周信芳20世纪50年代留影（周采芹提供）

1949年6月28日，北平市国剧公会欢迎全国文艺代表暨平剧院诸同志合影。二排坐者左起：李少春、安娥、谭小培、陈白尘、田汉、董天民、周信芳、萧长华、梅兰芳、洪深、梁小鸾、熊佛西、许姬传

周信芳在中国人民政治协商会议第一届全体会议上发言

周信芳与梅兰芳（左三）、程砚秋（左一）、袁雪芬（左二）参加会议时合影

周信芳与梅兰芳（右）、周扬（左）在天安门城楼参加开国大典

周信芳与云燕铭（中）、高百岁（左）在一起

1950年6月6日，上海戏曲界欢送梅兰芳、周信芳赴京参加中国人民政治协商会议第一届全国委员会第二次会议留影。
一排左起：周玑璋、许姬传、伊兵、周信芳、梅兰芳、董天民、袁雪芬、刘厚生

1950年，中央人民政府文化部戏曲改进局戏曲实验学校（中国戏曲学院前身）第一届招生委员会合影（辨识出部分人员并标识，请扫码查看）

1950年7月24日，上海市第一届文学艺术工作者代表大会在上海市乍浦路解放剧场开幕。

周信芳、梅兰芳等代表从街头走向会场。前排左起：朱春霖、伍月华、吕君樵、周信芳、梅兰芳、言慧珠、吴素秋、佚名

周信芳与梅兰芳（右）在会场交流

上图 | 1951年，周信芳与王瑶卿（右）合影
下左 | 1951年，周信芳与郝寿臣（左）合影
下右 | 1951年，周信芳与厉慧良（右）合影

周信芳与同人交谈

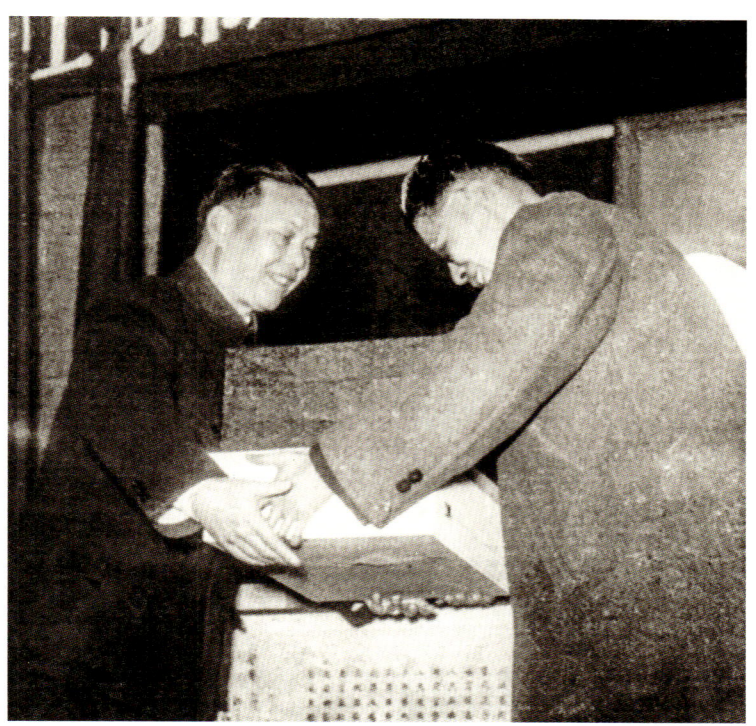

李太成（右）向周信芳颁发纪念品

周信芳与梅兰芳（右）、董天民（中）在会场

1951年2月4日，上海市人民政府文化局在康乐酒家举行庆祝周信芳先生演剧五十年纪念暨戏曲界敬老大会，19个剧种的老艺人共205人到会。

1951年，戏曲界敬老大会京剧界人士合影（辨识出部分人员并标识，请扫码查看）

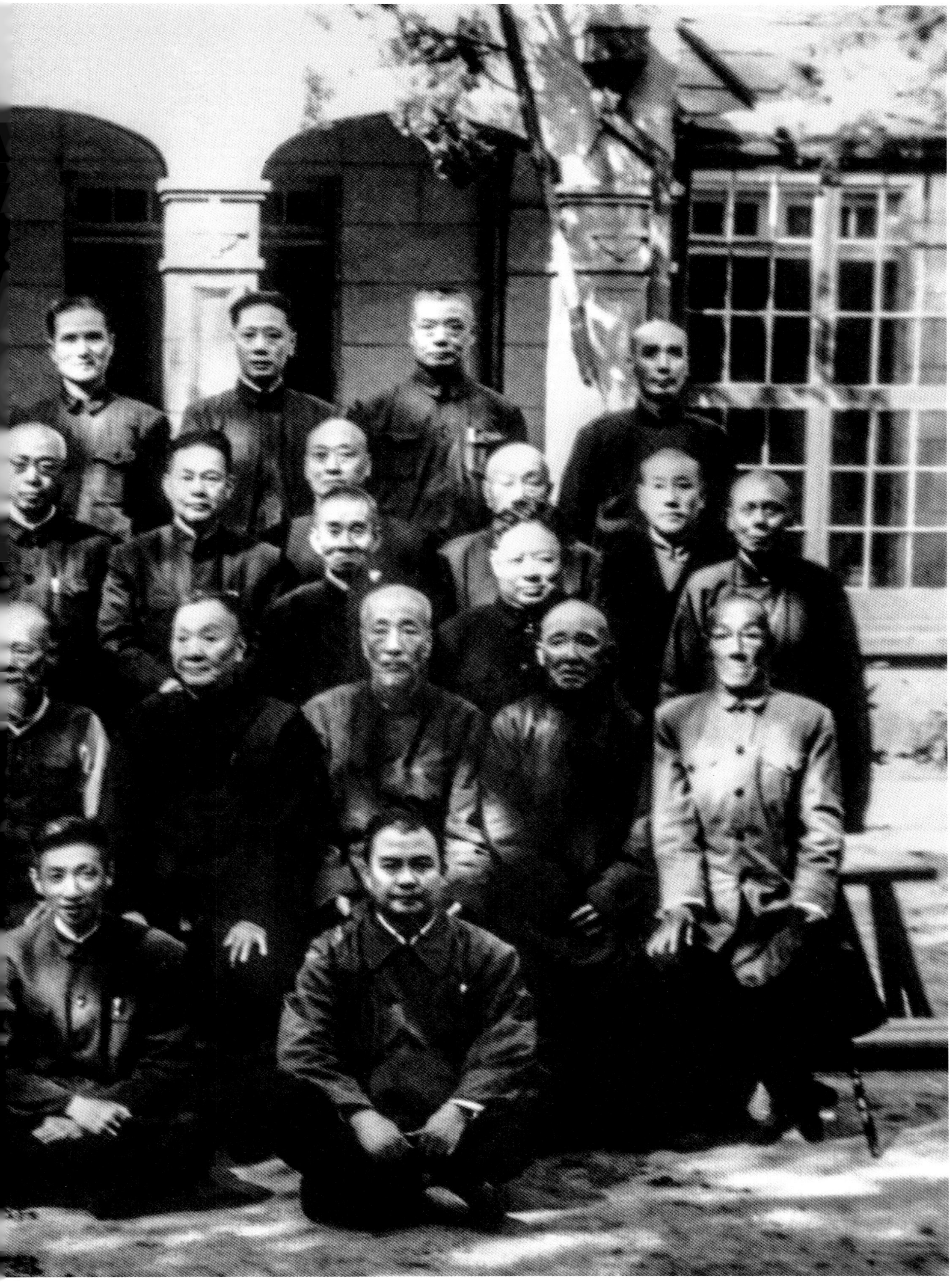

1951年春天，抗美援朝的热潮在全国掀起。周信芳带领华东戏曲研究院京剧实验剧团排演了新编历史京剧《信陵君》。
周信芳饰信陵君

1951年4月27日，上海市戏曲界春节戏曲竞赛给奖大会在人民大舞台举行，周信芳作报告（上海艺术研究中心提供）

周信芳、董天民（左二）、袁雪芬（左三）、梅兰芳（右二）、于伶（右一）在大会现场（上海艺术研究中心提供）

上图 | 《四进士》，周信芳（前）饰宋士杰（上海艺术研究中心提供）
下图 | 《四进士》，周信芳（前跪者）饰宋士杰，李桐森（坐者中）饰毛朋，姜妙香（坐者右）饰田伦，刘坤荣（坐者左）饰顾读（上海艺术研究中心提供）

1951年，周信芳代表上海京剧界表示要通过义演用全部收入捐献一架"京剧号"飞机，用实际行动投入抗美援朝运动。6月19日起，周信芳率先义演三天《四进士》。这一系列活动中，《龙凤呈祥》群星荟萃。梅兰芳当时正好回上海养病，抱病参加义演。盖叫天几天前在杭州演出时受伤，也赶回上海带伤登台。周信芳身为戏曲改进处处长，公务繁忙，已有两夜未曾合眼，照样参演，并且一赶二，前饰乔玄，后饰鲁肃。

上图 | 《龙凤呈祥》，周信芳饰乔玄（上海艺术研究中心提供）
下图 | 《龙凤呈祥》，周信芳饰乔玄，李克昌（右）饰孙权（上海艺术研究中心提供）

1951年7月18日，为抗美援朝捐献"京剧号"飞机的演出结束后，50岁以上参加者在上海人民大舞台合影。一排左起：周信芳、张连洲、许紫云、张少甫、盖叫天、何润初、苗胜春、赵如泉、郭蝶仙、筱兰英、盖三省、王福卿、王凤山、李秀英、应宝莲、许鸿奎、姜妙香、梅兰芳；二排左起：顾和棠、刘德钧、壹千红、张凤云、谈良钊、范锡林、汪佩钧、陆明奎、杨炳堂、张阿二、张世文、胡明祥、姚阿福、郭效青、许姬传、李春林、王阿五；三排左起：明兴培、武国起、刘菊禅、陈永春、张国斌、孟鸿茂、杨善华、韩金奎、刘坤荣、李克昌、潘宏勋、张赶七、胡宝芳、李春堂、方南生、陈华秋、沈季生（上海艺术研究中心提供）

周信芳、张少甫（左二）、盖叫天（右二）、梅兰芳（右一）在后台合影

《打渔杀家》，周信芳饰萧恩，曹慧麟（左）饰萧桂英（上海艺术研究中心提供）

周信芳与曹慧麟、芙蓉草、姜妙香等在上海人民大舞台演出《四进士》的广告

1951年11月19日，上海戏曲界举行茶话会欢迎侯宝林、魏喜奎，会场合影。前左起：叶以群、周信芳、侯宝林、石挥、魏喜奎、刘厚生（上海艺术研究中心提供）

《吕布与貂蝉》，周信芳饰吕布，赵晓岚（左二）饰貂蝉，李宝櫆（右一）饰王允（上海艺术研究中心提供）

周信芳在大世界义演《萧何月下追韩信》盛况（上海艺术研究中心提供）

1952年10月，周信芳等获得第一届全国戏曲观摩演出大会荣誉奖。左起：盖叫天、常香玉、程砚秋、周信芳、梅兰芳、袁雪芬、王瑶卿

周信芳、盖叫天1952年与同人合影。前排左起：流泽、周信芳、盖叫天、何慢；后排左起：明兴培、佚名、王燮元、郝德泉、佚名、张剑鸣

1953年，中国人民第三届赴朝慰问团到达朝鲜，周信芳等人在朝鲜香枫山普光殿前合影。前排左起：马连良、黄澍霖、周信芳、梅兰芳；后排左起：程砚秋、马彦祥

周信芳 画传

上图 ｜ 周信芳（前左）为志愿军战士演出《萧何月下追韩信》
下图 ｜ 周信芳（右）演出《徐策跑城》后谢幕

中国人民第三届赴朝慰问团部分成员在朝鲜合影

周信芳 画传

1953年12月,中国人民第三届赴朝慰问团完成任务回京后合影。一排左起:许姬传、张冶、马彦祥、周信芳、马连良、梅兰芳、刘芝明、程砚秋、马富禄、吴石坚、许俊、佚名

1954年1月22日，家人为周信芳庆祝生日。前排左起：张中原、周采藾、周采茨、周信芳、裘罗氏、裘丽琳、周易、荣广业、周信芳妹妹、周采蘩；后排左起：佚名、佚名、佚名、周信芳妹夫、裘剑飞、黄敏珍、周少麟（周采芹提供）

1954年9月，周信芳与梅兰芳、程砚秋等第一届全国人民代表大会文艺界代表合影。左起：徐肖冰、于蓝、白杨、袁雪芬、田华、程砚秋、常香玉、周信芳、梅兰芳

1954年，周信芳的第一届全国人民代表大会代表当选证书

1955年1月，华东戏曲研究院京剧实验剧团全体同志合影。1955年3月24日，华东戏曲研究院京剧实验剧团与上海市人民京剧团合并成立上海京剧院，周信芳任院长。一排左起：赵林海、张春华、穆静娴、李秀敏、佚名、赵帼贞、田毓珠、邱云芳、李文轩、汤化葵、金素雯、陈正薇、李玉茹、吴石坚、周信芳、许俊、郭炎生、吕仲、伍月华、陈富瑞、黄正勤、霍鑫涛、徐春林；二排左起：李熙、韩建藻、佚名、姜少奇、王建茹、辛清华、张永起、贾宝贵、王泗水、朱宝铃、钱友忠、朱春霖、张洁、孙江林、马科、蓝煜民、李盛佐、佚名、佚名、佚名、查长生、马锦良、杨振东、佚名；三排左起：熊志麟、沈正璜、张福官、梁斌、邓连发、汪志奎、李正恒、佚名、佚名、赵昆庭、佚名、孙正田、孙正阳、佚名、张信忠、佚名、罗通明、崔华、李俊昆、佚名、黄玉少、赵洪亮；四排左起：高兴泉、孔进、张奎芳、佚名、顾忆萱、佚名、佚名、佚名、佚名、曹守汉、张鑫海、章鎏、俞根龙、李松达、张桂庭、张森林、王奎泉、董佑文、顾永湘、郝德泉、刘万选、孙锐春

实验剧团全体同志合影 一九五五年一月

上图 | 1955年3月24日，田汉（前排左五）来沪祝贺上海京剧院成立，与吴琛（前排左四）、周信芳（前排右三）、吴石坚（前排右二）等人合影

下图 | 1955年春，周信芳、梅兰芳（左三）、田汉（右一）、熊佛西（右三）与前来参加纪念活动的苏联戏剧导演列斯里夫妇（左一、左二）合影

上图 | 1955年4月，中华人民共和国文化部、中国文学艺术界联合会、中国戏剧家协会联合举办梅兰芳、周信芳舞台生活五十年纪念会
下图 | 周信芳与梅兰芳（左）

周信芳、梅兰芳（右）在纪念会上

周信芳与梅兰芳（前排右）、田汉（后排左）、洪深（前排左）

周信芳与沈雁冰（右）

1955年4月,《二堂放子》演出后谢幕,周信芳(前排左二)饰刘彦昌,梅兰芳(前排右二)饰王桂英,梅葆玥(前排左一)饰沉香,高玉倩(前排右一)饰秋儿

扫码欣赏
《二堂放子》唱段

《二堂放子》，周信芳饰刘彦昌，梅兰芳（左）饰王桂英

上图 | 1955年4月22日，周信芳（左）演出《文天祥》时在后台化装
下图 | 《文天祥》，周信芳饰文天祥

上图 | 1955年4月24日，周信芳、刘斌昆（右）演出《清风亭》后，梅兰芳（左）到后台慰问
下图 | 1955年7月，周信芳（二排左一）在第一届全国人民代表大会第二次会议上

1955年，中国戏曲研究院欢迎周信芳就任副院长，于颐和园听鹂馆联欢合影。一排左起：
乔东君、陶仲儒、罗合如、程砚秋、周信芳、张庚、龚和德、萧晴

周信芳与中国戏曲研究院其他三位副院长程砚秋（左二）、张庚（左四）、罗合如（左一）于颐和园听鹂馆合影

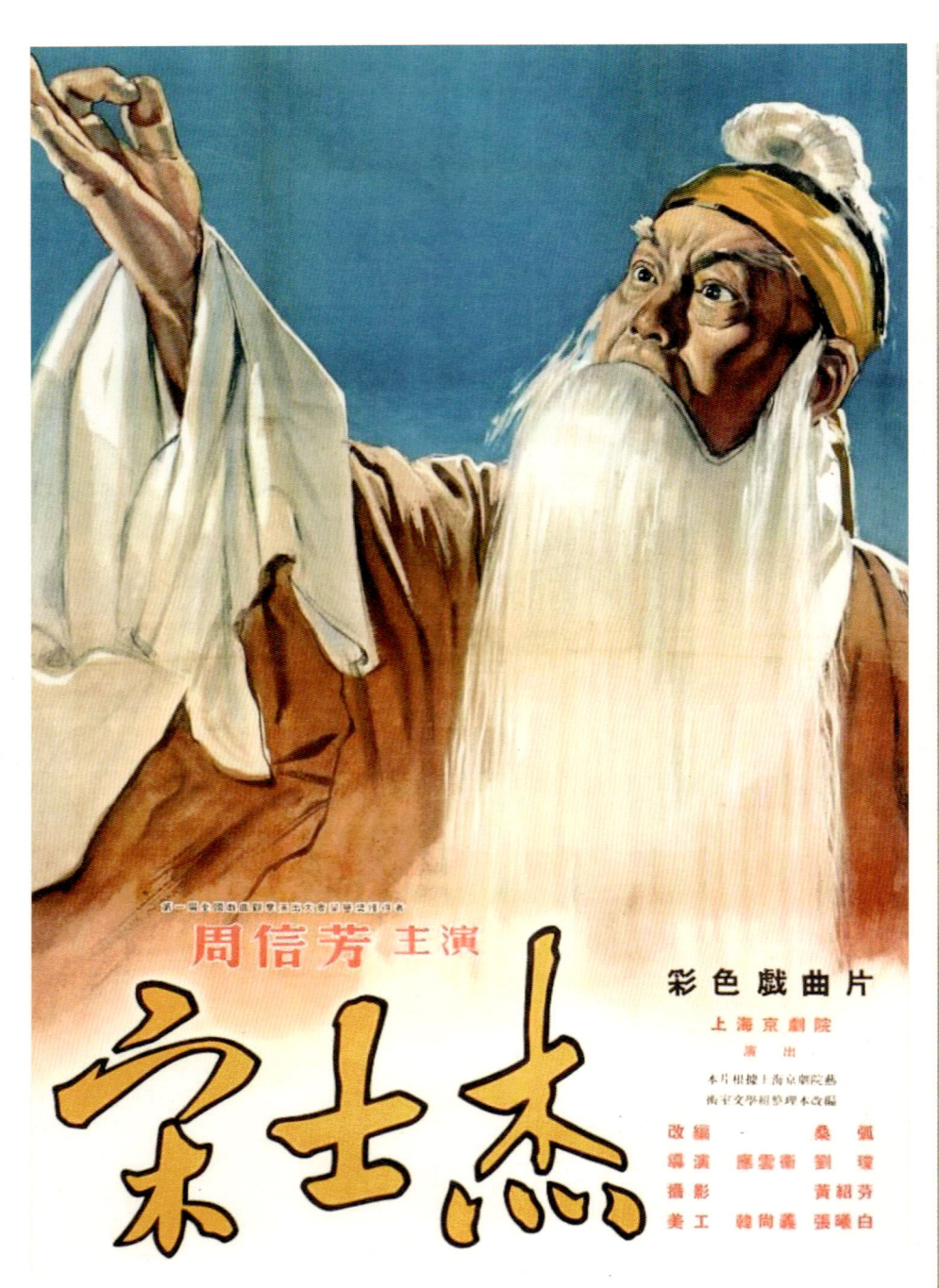

1956年3月，上海电影制片厂开始拍摄彩色戏曲电影《宋士杰》，应云卫、刘琼担任导演

《宋士杰》电影剧照,周信芳饰宋士杰,李玉茹(左)饰杨素贞,童芷苓(中)饰万氏

《宋士杰》全体拍摄人员合影

周信芳 画传

1956年8月，中国戏剧家协会上海分会成立，周信芳（左三）被推选为主席

1956年10月,周信芳带领访苏的中国上海京剧院演出团部分演员在田汉家与黄梅戏演员等合影。一排左起:佚名、张美娟、佚名、严凤英、李玉茹、王少舫、李超;二排左起:王金璐、佚名、伊兵、佚名、周信芳、丁永泉;三排左起:曹孟浪、刘斌昆、陶雄、汪志奎、田汉、佚名、佚名、吴石坚

上图 | 1956年10月下旬，以周信芳为团长，伊兵为副团长的中国上海京剧院演出团赴苏联，在苏联历时64天，演出53场。周信芳（手执帽者）与苏联观众拥抱

下图 | 周信芳（中化装者）在莫斯科演出《打渔杀家》后谢幕

周信芳 1956 年留影

1957年6月14日，上海文艺界在文化俱乐部举行爱国艺人汪笑侬先生诞生一百周年纪念会，周信芳与伍月华（右）在汪笑侬墓前

1957年8月8日，周信芳与赵如泉（中）、盖叫天（右）交谈

1958年1月，周信芳（左二）率团赴上海郊区高桥等地为农民演出

上图 | 1958年1月18日，周信芳与江西省文化艺术学校赣剧班学生
下图 | 1958年3月17日，周信芳在成都游艺场拜会川剧老艺人张德成（右）

上图 | 1958年5月3日，周信芳与尚小云相聚于兰州邓宝珊家中。左起：尚长荣、荣广业、周信芳、邓宝珊、尚小云、裘丽琳、周易

下图 | 1958年6月14日，周信芳（右三）在西安五四剧院演出《徐策跑城》后，观众献花致谢，右一为金素雯，左二为迟世恭

1958年6月17日,周信芳与家人在华清池。前排左起:周少麟、奚玉凤、裘丽琳、周信芳;后排左起:荣广业、周易

1958年8月,中国京剧院来沪公演,周信芳在上海京剧院与李少春、袁世海、杜近芳等座谈

1958年,广东粤剧团访问上海京剧院,周信芳(左五)、盖叫天(左六)与粤剧演员马师曾(左四)等会谈

周信芳画传 | 167

1958年9月世界和平宣传周期间,周信芳(前)在外滩公园街头总路线宣传会上演唱

1958 年，周信芳应田汉之邀在其北京家中进行话剧《关汉卿》剧本的研讨。左起：熊佛西、周信芳、马彦祥、翦伯赞、阳翰笙、田汉、焦菊隐

1959年6月23日，周信芳在家中三代同乐。
左起：裘丽琳、周羚、周采茨、周信芳

周信芳 画传

上图 | 1959年，周信芳与黄正勤（前左）排练《义责王魁》
下图 | 周信芳（前右）在田头与李玉茹（前左）为农民表演《打渔杀家》片段

上图 | 周信芳（中）参加劳动
下图 | 周信芳（前）在田头演唱
　　　《打渔杀家》选段

上图 ｜ 周信芳（左三）在嘉定徐行人民公社演出《义责王魁》后谢幕
下图 ｜ 周信芳（中）在田头演唱《萧何月下追韩信》选段

扫码欣赏
《萧何月下追韩信》
唱段

1959年5月，周信芳光荣加入中国共产党。7月1日，周信芳在新党员入党宣誓大会上发表讲话《永远忘不了这庄严的时刻》

1959年7月，周信芳参加京剧、昆曲艺术观摩演出，与盖叫天（右）、俞振飞（中）在后台交谈

上图 ｜ 周信芳（左四）、齐英才（左七）、孙正阳（左一）为陕西省戏曲演出团马健翎（左二）等演出《义责王魁》
下图 ｜ 1959年，周信芳与剧院同人讨论《海瑞上疏》剧本。左起：范叔年、吴石坚、周信芳、陶雄、许思言

上图 | 1959年，周信芳在拍摄《海瑞上疏》造型照时与吴石坚（右一）、陈西汀（左二）、马科（左一）合影

下图 | 《海瑞上疏》，周信芳饰海瑞

《海瑞上疏》，周信芳（右二）饰海瑞，李桐森（左五）饰嘉靖帝

1959年年底，周信芳在上海市一九五九年话剧、戏曲、杂技、评弹青年汇报演出开幕式上发表讲话《朵朵鲜花向阳开》

上图 | 1959年12月23日，上海京剧院举行收徒大会，童祥苓、沈金波、萧润增、霍鑫涛拜周信芳为师，在收徒大会预备会议上，周信芳（左六）、张少甫（左五）、陈富瑞（左四）等在听郑法祥（左三）发言

下图 | 周信芳在师徒合约上签名

上图 | 周信芳（前左）与弟子沈金波（前右）交换师徒合约
下图 | 1959年12月23日，袁雪芬（前左一）、徐玉兰（前左二）等上海越剧院同人到上海京剧院收徒大会现场表示祝贺

周信芳 画传

周信芳与弟子沈金波（左一）、萧润增（左二）、霍鑫涛（右二）、童祥苓（右一）在一起

上图 ｜ 周信芳为童祥苓（右）说《打渔杀家》
下图 ｜ 周信芳为张南云（左）说《打渔杀家》

1960年春，周信芳率上海京剧院一团赴广东演出，在韶关演出《四进士》，周信芳（前排右二）演出后谢幕

周信芳（前右）与赵晓岚（前左）在黄花岗广州起义烈士陵园

周信芳在广州六榕寺花塔前

徐平羽赴上海京剧院考察时与京剧院领导、演员合影。前排左起：李玉茹、许俊、孙均、徐平羽、周信芳、童芷苓、王燮元；后排左起：孙正阳、纪玉良、黄正勤、赵晓岚、张美娟、金素雯、李家载、汪正华

上图 | 1960年，周信芳与林鹏程（左）、幸熙（中）商议剧目舞台美术方案

下图 | 1960年，周信芳带领剧院同志学习《毛泽东选集》。左起：林鹏程、张美娟、汪志奎、许俊、周信芳、纪玉良

1960年6月，周信芳在全国文教先进工作者代表大会期间与梅兰芳（中）、盖叫天（左）在一起

上图 | 周信芳在国棉一厂参观技术革新
下图 | 周信芳在国棉一厂为工人演唱

上图 | 1960年，周信芳（一排右一）参加上海文化系统大会
下图 | 1961年2月25日，周信芳（中）参加中国戏剧家协会上海分会举行的麒派表演艺术座谈会

1961年3月1日，周信芳演出《赵五娘》后，与裘丽琳（左二）、李玉茹（左一）、刘斌昆（右二）合影

1961年，上海天马电影制片厂为周信芳拍摄彩色影片《周信芳的舞台艺术》，包括《徐策跑城》《下书杀惜》，应云卫、杨小仲担任导演。周信芳与应云卫（右）在摄制现场

周信芳 画传

在应云卫最初的设想中,《周信芳的舞台艺术》还要拍摄《单刀赴会》。他想在这一折中运用电影镜头语汇,让周信芳一人分饰关羽、鲁肃两个角色,演对手戏。分镜头本已经完成,但后期因影片已经较长就没有拍摄,幸而有两帧当时为影片拍摄的试装照留存。《单刀赴会》试装照,周信芳饰关羽,贺永华(左)饰周仓(邓明杰提供)

《单刀赴会》电影分镜头本

1961年8月8日，梅兰芳在北京逝世。8月14日，上海举行梅兰芳先生追悼会，周信芳（前）在追悼会上

周信芳报告梅兰芳生平事迹，并在报刊上发表《安息吧，我的好同志！——悼梅兰芳同志》，他深情地回忆："我情不自禁地想起了我们五十多年的艺事生活。兰芳同志和我既同行，又同庚……从同搭班学习的合演，到抗日战争胜利，这四十多年的日子里，兰芳同志多居北方，我惯住江南，不常在一起，也未同台演出。但在敌伪和国民党反动统治的黑暗年代里，可贵的爱国主义热情和强烈的正义感，把我们的心总是紧紧地扣在一起的。"（周信芳：《安息吧，我的好同志！——悼梅兰芳同志》，载《周信芳全集》"文论卷一"，上海文化出版社2014年版，第196页）

1961年9月，周信芳（前）为上海戏曲界同人传授艺术经验

1961年12月11日，中华人民共和国文化部和中国戏剧家协会举办周信芳演剧生活六十年纪念活动，田汉致开幕词。左起：张梦庚、陈其通、张庚、曹禺、阳翰笙、徐平羽、夏衍、沈雁冰、周信芳、田汉、齐燕铭、林默涵、老舍、马彦祥、李纶、吕复、高百岁

周信芳 画传

上图 ｜ 周信芳（前）致答词
下图 ｜ 周信芳演出《打渔杀家》前扮戏

周信芳（左）在开幕式上演出《打渔杀家》后谢幕

周信芳 画传

202 | 周信芳画传

1961年12月12日，周信芳等演出《义责王魁》后，北京京剧界同人上台祝贺。左起：谭富英、马连良、周信芳、张君秋、齐英才、裘盛戎

1961年12月19日,《乌龙院》演出后李伯钊(前右)上台祝贺

1961年12月23日,周信芳(台上站立者)在广和楼剧场为北京文艺界作报告

周信芳在广和楼剧场为北京文艺界作报告

周信芳演剧生活六十年纪念活动期间，由中国戏剧家协会主持，周信芳在北京市文学艺术界联合会举办收徒大会，收李少春、李和曾、徐敏初、明毓琨四人为弟子。田汉、徐平羽、老舍、阳翰笙、马连良、赵燕侠等参加了收徒大会

周信芳 画传

周信芳（前）在新侨饭店与弟子们合影。后排左起：明毓琨、李少春、高百岁、李和曾、徐敏初

周信芳与弟子们谈戏

上图 ｜ 1961年12月25日，周信芳在京与田汉（右二）、许姬传（右一）、孙均（左一）、何海生（左二）、许源来（左三）至万花山祭扫梅兰芳墓
上图 ｜ 周信芳与田汉（右）在一起

上图 | 1961年，周信芳（前排左三）赴江苏省京剧院讲学留影
下图 | 1962年，周信芳（左三）演出《四进士》后与晋剧演员丁果仙（右二）、刘胡兰母亲胡文秀（左二）及俞振飞（左一）、童芷苓（右三）、张美娟（右一）合影

上图 | 1962年春，周信芳率团赴武汉演出《四进士》后谢幕，高百岁（前排右一）、陈鹤峰（前排右二）和汉剧演员陈伯华（前排左一）上台祝贺

下图 | 1962年春，周信芳与李桐森（左）商讨《澶渊之盟》排练细节

《澶渊之盟》,周信芳饰寇准

上图 | 周信芳与赵晓岚（中）、楚剧演员沈云陔（左）交流
下图 | 观看戏校学生演出的《望江亭》后，周信芳（前左）上台祝贺

上图 | 周信芳与弟子陈鹤峰（右一）及陈鹤峰的学生（右二、左一）交谈
下图 | 周信芳与弟子高百岁（右）、陈鹤峰（左）外出游览合影

上图 | 1962年，在周信芳的见证下，高盛麟收上海京剧院优秀青年武生梁斌、郝瑞亭为徒。前排左起：于宗琨、孙均、周信芳、高盛麟、吴石坚；后排左起：郝瑞亭、林鹏程、吕仲、齐英才、梁斌

下图 | 周信芳与老搭档刘斌昆（左）

1962年9月21日，欧阳予倩去世，周信芳（前排右一）参加欧阳予倩追悼会

1962年10月7日,周信芳收马骏骅、徐鸿培为徒,在上海国际饭店举办拜师典礼。前排左起:孙均、刘厚生、吕复、佚名、徐鸿培、周信芳、陈其五、马骏骅、李太成

师生合约

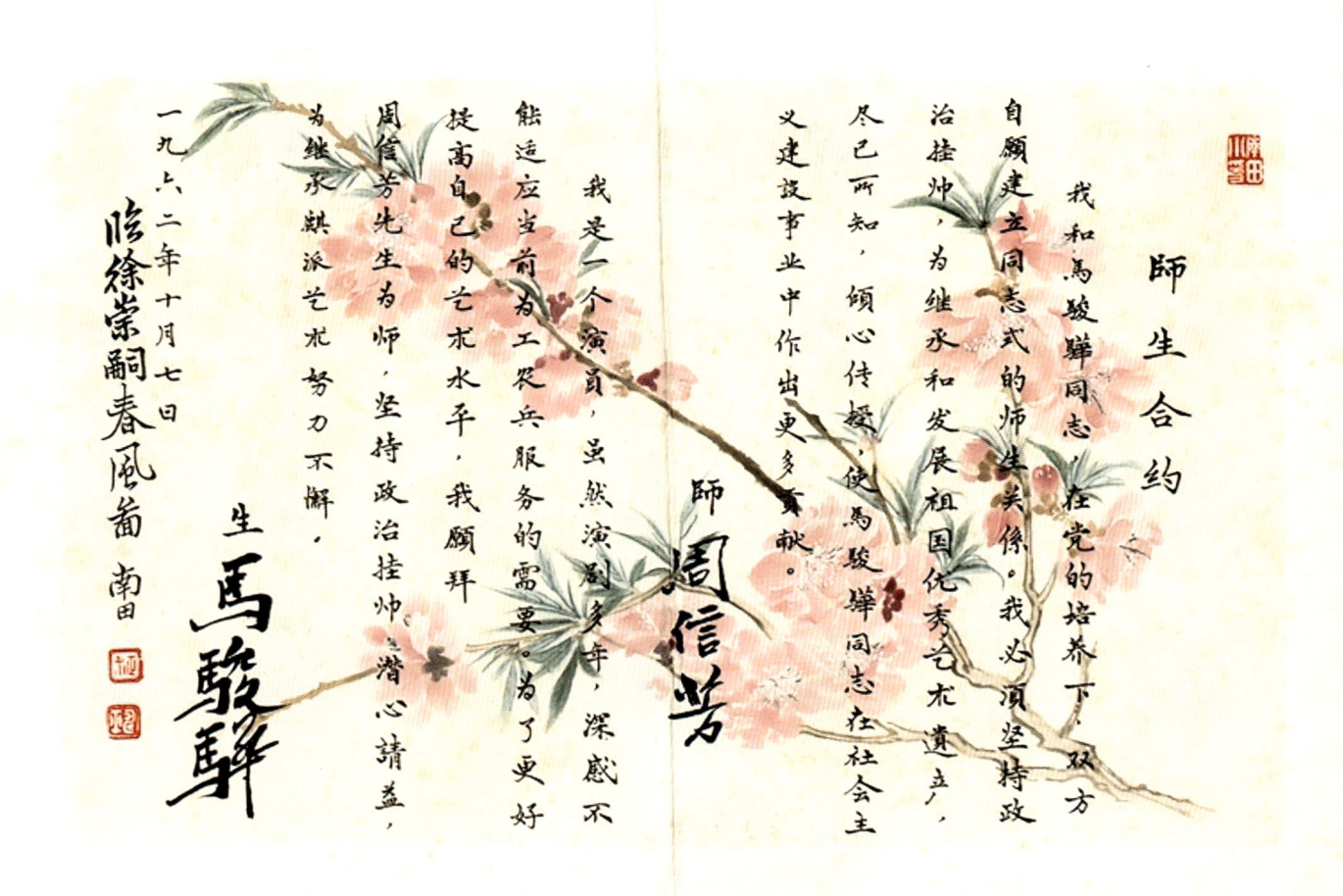

我和马骏骅同志在党的培养下，双方自愿建立正式的师生关系。我必须坚持政治挂帅，为继承和发展祖国优秀艺术遗产，尽己所知，倾心传授，使马骏骅同志在社会主义建设事业中作出更多贡献。

师 周信芳

我是一个演员，虽然演剧多年，深感不能适应当前为工农兵服务的需要。为了更好提高自己的艺术水平，我愿拜周信芳先生为师，坚持政治挂帅，潜心请益，为继承麒派艺术努力不懈。

生 马骏骅

一九六二年十月七日 临徐崇嗣春风笛 南田

周信芳与马骏骅的师徒合约

周信芳为马骏骅（右）说戏

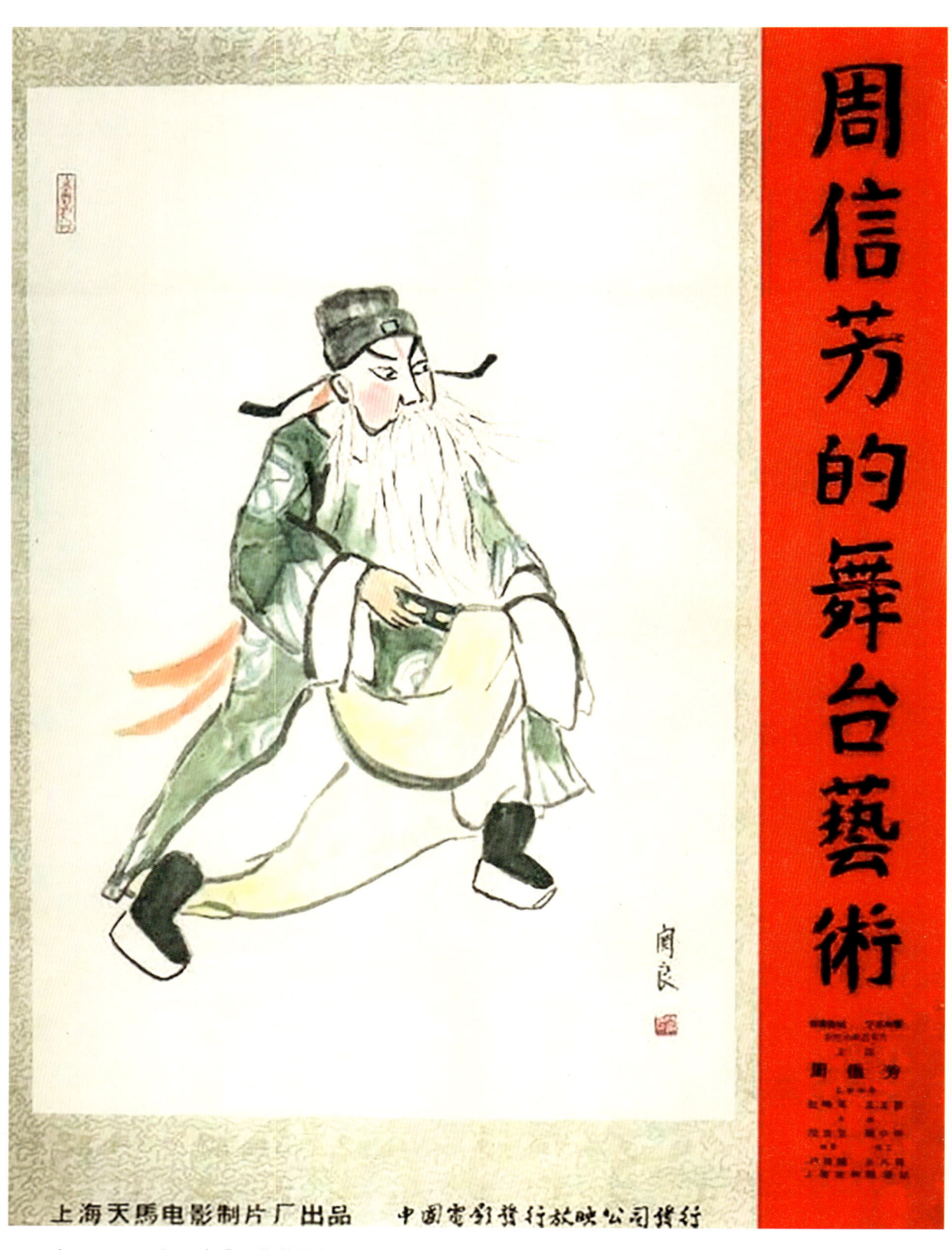

1963年3月，彩色影片《周信芳的舞台艺术》在全国公映，海报上为关良所绘周信芳之《徐策跑城》

1963年，为参与戏曲反映现代生活的实践，周信芳排演《杨立贝》。周信芳（中）与《杨立贝》的演员们交流

俞振飞题
一九九〇年三月 张春萃摄影

周信芳为上海戏校"京二班"老生学生授课。左起：章晓申、葛文良、盛燮昌、王思及、郑旦军、周信芳、张允生

信芳同志关心培养后代,
去戏校给一班学生讲授课。

周信芳 画传

1964年6月至7月，周信芳（二排右二）参加全国京剧现代戏观摩演出大会，在观看《杜鹃山》后与马连良（二排右三）、裘盛戎（二排右一）、俞振飞（二排右四）、赵燕侠（二排右五）等合影

1965年10月，周信芳与夫人裘丽琳（前排左）、儿子周少麟（后排左）、儿媳黄敏珍（后排右）及孙女（前排中、后排中）合影

1975年3月8日，周信芳被迫害致死，享年80岁。1978年8月16日，周信芳同志平反昭雪大会在上海龙华革命公墓大厅举行，并举行骨灰安放仪式，巴金致悼词。

仪式现场

巴金致悼词

1995年，周信芳的骨灰迁葬上海万国公墓
（今宋庆龄陵园内），与裘丽琳合葬

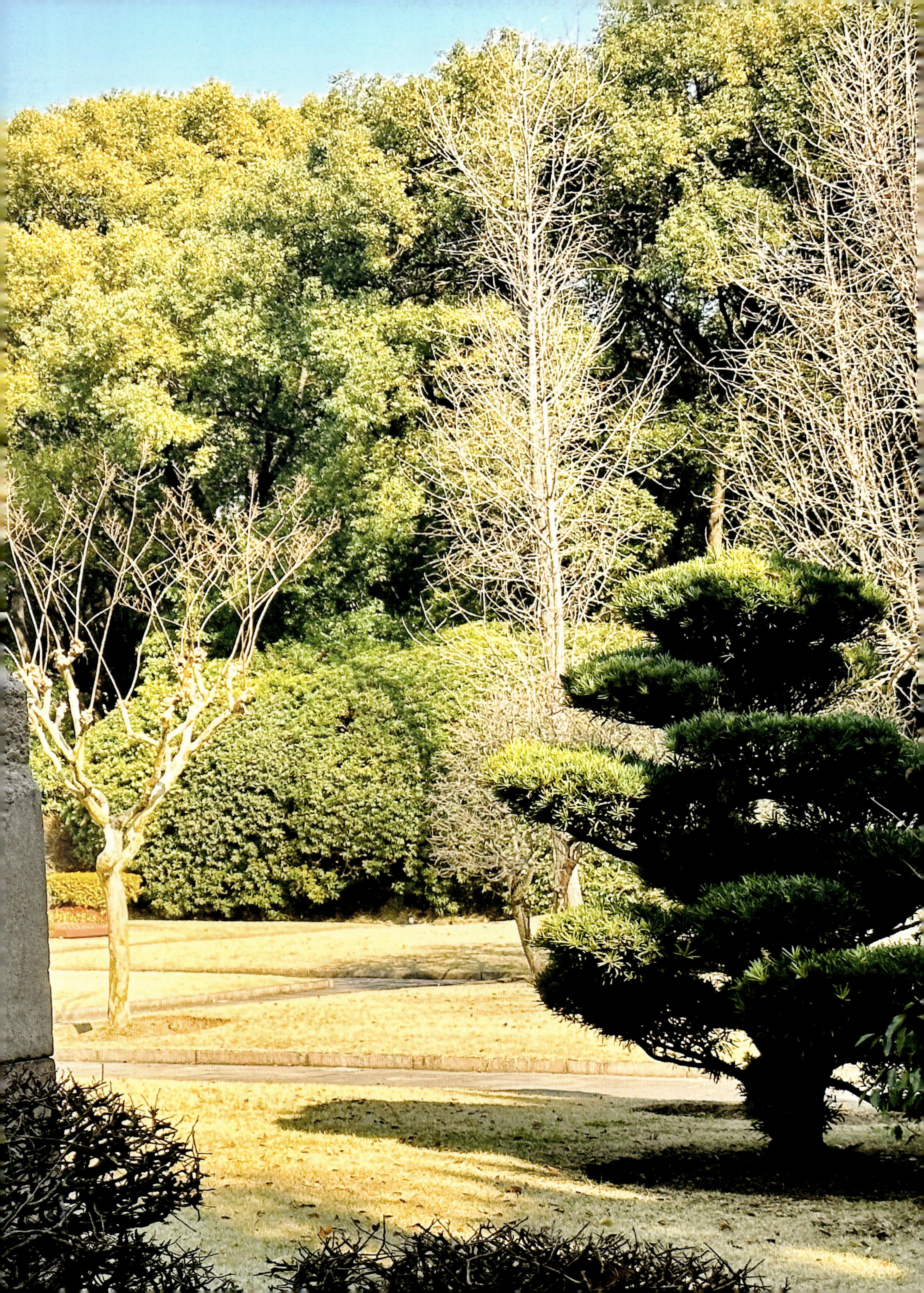

情满氍毹

周信芳的艺术人生是在传承与创新的辩证关系中不断向前的，他创作了数不胜数的新戏，题材贯穿中外古今。在其艺术生涯的末期，他又花了极大的精力总结加工传统戏，把一些多年未见于舞台的老戏恢复上演，而这种复排凝聚了他多年创排新戏的经验，是创新对于传统的反哺。周信芳还对京剧的程式进行了创新和丰富，他认为"程式是生活的概括、集中、规范化，而一旦成为程式，它必然又会反过来限制反映生活的能力，又必然突破它，发展它，进行新的创造"。他的所有创作都在践行生活与程式、艺术与时代的辩证关系。

他的挚友欧阳予倩曾这样评价他："信芳同志的艺术可以说是现实主义和程式化的最好的结合。既有力地表现了现实，也丰富和提高了程式。从早年起，他在表演上力求真实，但也不忘把生活真实跟艺术真实的结合。他重视传统，勤苦地学习和继承传统……"一语道出了周信芳鲜明的演剧思想。

青出于蓝

周信芳一生创排了许多新编剧目，这离不开他对传统戏的忠实继承和积累。在20世纪二三十年代京剧高度市场化的环境下，人人都爱看新戏，爱听新腔，周信芳却在每个周末夜场唱新编连台本戏的同时，在日场坚持带头演传统戏，还经常演双出，扎实的学戏经历给他带来了这样的底气。

在学艺时期，他朝夕受王鸿寿、李春来、冯子和等南派名角亲炙，又在北京喜连成搭班学艺，看了汪桂芬、谭鑫培、孙菊仙、杨小楼等北派名家不少戏。边学边看边演的经历为他打下了艺兼南北、文武皆擅的传统戏功底。

《一捧雪》，周信芳（中）饰莫成

《一捧雪》，周信芳饰莫成，李桐森（左三）饰莫怀古，许美玲（左一）饰雪艳，朱春霖（左四）饰戚继光

《一捧雪》这出戏贯穿了周信芳的整个艺术生涯，他的开蒙老师陈长兴教他的戏中就有它。1901年，周信芳在杭州天仙茶园初次登台期间也演了该戏。1912年，周信芳在上海迎贵仙园上演全本《一捧雪》，包括"莫成替死""审头刺汤""雪杯圆"。1927年、1933年，周信芳与马连良两次轰动的"南麒北马"大合作期间，他们都合演了全部《一捧雪》。1962年，为响应丰富剧目的号召，周信芳与卫明重新编写此剧，9月29日上演于上海天蟾舞台，周前饰莫成，后饰陆炳。

《审头刺汤》，周信芳（右六）饰陆炳，刘斌昆（右一）饰汤勤，李玉茹（右七）饰雪艳

《审头刺汤》，周信芳饰陆炳

《盗宗卷》，周信芳饰张苍

1905年到1911年，周信芳跑了南北许多码头，四处演出的同时也转益多师、边学边演。他这段时期既演了《盗宗卷》《九更天》《南天门》等做功老生戏，也演了《文昭关》《李陵碑》《沙陀国》等唱功老生戏，还演了《独木关》《溪皇庄》《刺巴杰》等武戏，逐渐成熟的周信芳也开始演出《四郎探母》《红鬃烈马》等全本大戏。

上图 | 《九更天》，周信芳饰马义
下图 | 周信芳（前）在《九更天》中表演"滚钉板"

《南天门》，周信芳饰曹福，李玉茹（左）饰曹玉莲

《梅龙镇》，周信芳（前右）饰正德帝，华慧麟（前左）饰李凤姐

《战樊城》，周信芳饰伍子胥

《战樊城》，周信芳饰伍子胥

《浣纱记》，周信芳饰伍子胥

《鱼藏剑》，周信芳饰伍子胥

《文昭关》，周信芳饰伍子胥

周信芳年幼时，母亲许桂仙见他对京剧感兴趣，就尝试着教了他《文昭关》的一段【二黄慢板】，小周信芳唱得朗朗动听，父亲周慰堂看到他的天赋十分高兴，这才开始延请陈长兴为他教戏。周信芳早期上演的《文昭关》，学的是汪桂芬的路子，他还演出过《浣纱记》和《鱼藏剑》。后来，周信芳上演过全本《伍子胥》。

《李陵碑》，周信芳饰杨继业

《杨家将》，周信芳饰杨继业

周信芳 1906 年 8 月 4 日在上海春桂茶园以《九莲宝灯》为名演出过《二堂放子》，后来他在前面加了"闹学"，后面加了"打堂"，经常上演。1937 年，周重新编演了全本《宝莲灯》，自"神仙世界"演至"劈山救母"，与梁秀娟合作，自饰刘彦昌。1955 年，在梅兰芳、周信芳舞台生活五十年纪念活动期间，梅、周二人合作了《二堂放子》。

上图 | 1955 年 4 月，周信芳与梅兰芳在北京天桥剧场合演《二堂放子》，周信芳饰刘彦昌，梅兰芳（左）饰王桂英

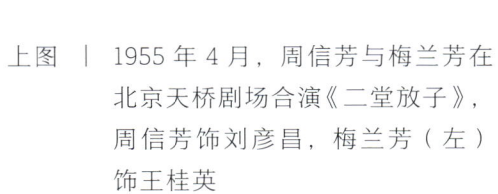

下图 | 1955 年 4 月，周信芳与梅兰芳在北京天桥剧场合演《二堂放子》，周信芳饰刘彦昌，梅兰芳（左二）饰王桂英，梅葆玥（右一）饰沉香，高玉倩（左一）饰秋儿

《四郎探母》，周信芳饰杨延辉

上图 | 1940年，周信芳与王熙春（左）演出《四郎探母》留影
下图 | 1947年9月12日，周信芳与梅兰芳在上海中国大戏院演出《四郎探母·盗令》，周信芳（前右）饰杨延辉，梅兰芳（前左）饰铁镜公主

《沙陀国》，周信芳饰李克用

《独木关》，周信芳饰薛仁贵

《刺巴杰》，周信芳（中）饰骆宏勋（江洵提供）

上图 | 《溪皇庄》，周信芳（前右）饰褚彪，叶盛章（前左）饰贾亮
下图 | 《溪皇庄》，周信芳（前右）饰褚彪，盖叫天（前左）饰尹亮

《打侄上坟》，周信芳饰陈伯愚，俞振飞（右）饰陈大官

《打侄上坟》，周信芳饰陈伯愚

《玉堂春》，周信芳饰刘秉义

《锁阳关》，周信芳反串丑角饰程咬金，王金元（左）饰秦英

《战宛城》，周信芳（左）饰张绣

《花园赠金》，周信芳饰薛平贵

《投军别窑》，周信芳饰薛平贵

《赶三关》，周信芳饰薛平贵

《武家坡》，周信芳饰薛平贵 　　　《算军粮》，周信芳饰薛平贵 　　　《大登殿》，周信芳饰薛平贵

周信芳扮演薛平贵所用点翠鞑帽

周信芳设计的紫缎平金绣麒麟开氅，武生戏常用

《铁公鸡》，周信芳饰张嘉祥

《路遥知马力》，周信芳饰路遥

《龙凤呈祥》周信芳所演风格与北派不同，他前饰乔玄、后饰鲁肃，常在义务戏、大合作戏中演出，曾与诸多名家合作此戏。
《甘露寺》，周信芳饰乔玄，韩金奎（右）饰乔福

上图 | 《贩马记·哭监》，周信芳饰李奇，梅兰芳（右）饰李桂枝
下图 | 《贩马记·团圆》，周信芳饰李奇，梅兰芳（左二）饰李桂枝，俞振飞（右一）饰赵宠，姜妙香（左一）饰李保童

《鸿鸾禧》（1938，上海卡尔登大戏院），王熙春（右三）饰金玉奴，周信芳（右二）饰莫稽，高百岁（右一）饰金松（周英华提供）

《七擒孟获》，周信芳饰诸葛亮

《生死板》，周信芳饰刘子忠

上图 | 《生死板》，周信芳饰刘子忠，李桐森（中）饰刘子明，伊鸣铎（右）饰保柱
下图 | 《生死板》，周信芳（前左）饰刘子忠，李桐森（前右）饰刘子明，金素雯（前中）饰吴氏

《生死板》，周信芳饰刘子忠

《生死板》，周信芳饰刘子忠，伊鸣铎（右）饰保柱，童强（中）饰定生

《生死板》，周信芳饰刘子忠，赵晓岚（左）饰马氏

《吕布与貂蝉》，周信芳饰吕布（上海艺术研究中心提供）

《吕布与貂蝉》，周信芳饰吕布，曹慧麟（左）饰貂蝉（上海艺术研究中心提供）

上图 | 《秦香莲》，周信芳饰王延龄，沈金波（左）饰陈世美

下图 | 《秦香莲》，周信芳饰王延龄，金素雯（右）饰秦香莲

《秦香莲》（1954），周信芳饰包拯

《古城会》（1957），周信芳（前右）饰关羽，王正屏（前左）饰张飞

《金殿阻计》（1961），周信芳（右一）饰乔玄，李桐森（左一）饰鲁肃，汪志奎（左二）饰孙权

《金殿阻计》,周信芳饰乔玄

革故鼎新

　　周信芳认为艺术家需要"知道世事潮流，合乎观众的心理"，而这种改革的基础是他早在20世纪20年代末期就形成的演剧观，也就是"无论古典、浪漫和写实的戏，都是人间意志的争斗，如能够把剧中的意志来鼓动观客，那才是戏的真价值"，而这种创造的标准是"不要管他新旧，只要能够合理动人就好"。

　　周信芳之所以能创造出如此多精彩的剧作和人物，离不开他广泛的兴趣和他对于演员文化底蕴的强调，他说："不晓得古今世情，没有感觉着人生苦乐的人，他就不能算是个唱戏的，倘要了然一切，将古人演得出色，非得学问帮助不可！"

《抱烙柱》，周信芳饰梅伯

上图 | 《女侠红蝴蝶》，周信芳（右）饰刘进生（剧情中男扮女装），王灵珠（左）饰红蝴蝶
下图 | 《女侠红蝴蝶》，周信芳饰刘进生，王灵珠（中）饰红蝴蝶，王金元（右）饰赵大刚

《哭祖庙》，周信芳饰邓艾

《麦城升天》，周信芳饰吕蒙

《许田射鹿》，周信芳饰刘备

《三戏白牡丹》,周信芳饰吕洞宾

《红拂女》，周信芳饰李靖，王灵珠（左）饰红拂女

《丁郎寻父》，周信芳（右）饰高仲举（周英华提供）

周信芳 画传

前、后部《便宜货王华买父》，周信芳编演，1921年3月4日、26日各演一部，周信芳饰王华，前后分别以武生和大嗓小生应工。周信芳饰王华，王灵珠（左）饰杨秀英

20世纪20年代，上海剧坛曾有几台《狸猫换太子》同时上演的盛况。1921年6月起，天蟾舞台刘筱衡、常春恒排演《狸猫换太子》轰动上海，共计十二本，演了3年，天蟾舞台因之扭亏为盈。1922年6月开始，丹桂第一台推出周信芳、白玉昆、王灵珠、冯子和的《狸猫换太子》四至七本。1922年，大舞台又由李桂春、毛韵珂、贾璧云等开始上演该剧，达三十六本，演至1927年。该剧情节复杂、曲折多变，除"狸猫调换太子"这一剧情不变之外，各舞台演法互不相同。

上图 | 《狸猫换太子》，周信芳饰包拯
下图 | 《狸猫换太子》，周信芳饰狄广

《临江驿》，周信芳饰崔文远

《临江驿》由周信芳根据元曲编演，1923年在烟台首演，周信芳饰崔文远。1925年1月28日，该剧在上海首演于丹桂第一台，王灵珠、高百岁等合演。后来，周信芳经常上演此戏。其他麒派演员演此剧时，又将其叫作《潇湘夜雨》。《临江驿》，周信芳（右二）饰崔文远，王灵珠（左三）饰张翠鸾，高百岁（右三）饰张天觉，王培秋（左二）饰赵氏，赵云卿（右一）饰崔通

《汉刘邦》头本，周信芳（左）饰刘邦，陈嘉祥（右）饰樊哙

1925年年初，周信芳开始在上海丹桂第一台排演连台本戏《汉刘邦统一灭秦楚》（以下或简称"《汉刘邦》"）。该剧穿插了不少强调祖国必须统一、反动势力必须被消灭的唱词和念白，以借古喻今。《汉刘邦》共有十本，1925年3月14日头本首演。周信芳在前三本中饰刘邦，四本饰项羽，五本饰韩信，六、七本饰刘邦，八本饰张良，欧阳予倩、王灵珠、高百岁等合演。后来，周信芳又将《汉刘邦》中的一些部分抽出，经过加工修改，形成了《鸿门宴》《博浪锥》《韩信出世》等几出戏。

《汉刘邦》二本，周信芳饰刘邦

《汉刘邦》四本，周信芳饰项羽

周信芳演出《鸿门宴》所用坎肩

周信芳设计的张良盔

284 | 周信芳画传

《鸿门宴》，周信芳饰张良

《博浪锥》，周信芳饰张良

《韩信出世》，周信芳饰韩信

1927年，周信芳加入天蟾舞台，老板顾竹轩从家乡请来扬州评话名家王少堂，为周信芳讲演《龙凤帕》的故事，周信芳又参考小说，编演了八本连台本戏《龙凤帕》，讲述宋神宗时期朝廷忠奸斗争的故事。之后周信芳又根据清代作家陈端生的长篇弹词《再生缘》编演了十二本连台本戏《华丽缘》。1927年5月23日，头、二本首演，周信芳在该连台本戏中以大嗓小生饰演皇甫少华，兼饰皇甫敬、元成宗，还反串丑角人物刘奎璧。

《龙凤帕》二本，周信芳饰张奎

《龙凤帕》三本，周信芳饰慈云太子

《华丽缘》，周信芳饰皇甫少华　　　　　　　　　　　　《华丽缘》，周信芳饰皇甫少华

上图 ｜《华丽缘》，周信芳饰皇甫少华，
　　　　王芸芳（左）饰刘燕玉
下图 ｜《华丽缘》，周信芳饰皇甫少华，
　　　　王芸芳（左）饰刘燕玉

上图 ｜ 《潘金莲》，周信芳饰武松，欧阳予倩（左）饰潘金莲
下图 ｜ 《潘金莲》，周信芳饰武松，高百岁（右）饰西门庆

上图 | 《苏秦张仪六国拜相》，周信芳饰苏秦，周五宝（右）饰苏公，刘斌昆（中）饰苏母
下图 | 《苏秦张仪六国拜相》，周信芳饰苏秦

1929年,周信芳以《封神榜》中姜子牙扮相在真如地区实景留影(周英华提供)

1928年起,周信芳与小杨月楼、刘汉臣、王芸芳联合编演了连台本戏《封神榜》。1928年9月14日,头本首演,周信芳饰姜子牙,在后续各本中,他还演了梅伯、比干、伯邑考、杨任、黄衮、苏全忠、闻仲、土行孙、殷郊、洪锦、张奎、广成子、韩昇、微子衍、丁策、窦荣等不同角色,还单独演出过《鹿台恨》。

《封神榜》三本，周信芳饰比干　　　　　　　　　　《封神榜》三本，周信芳饰伯邑考

《封神榜》四本，周信芳饰杨任

上图 | 《封神榜》四本，周信芳饰杨任，董志扬（中）饰纣王，马义兰（左）饰杨妃
中图 | 《封神榜》四本，周信芳饰杨任，何英奎饰费仲，刘福芳饰尤浑
下图 | 《封神榜》四本，周信芳饰黄衮，刘汉臣（右）饰黄飞虎

《封神榜》六本，周信芳饰闻仲

《封神榜》六本，周信芳饰姜子牙

扫码欣赏
《封神榜》唱段

上图 | 《鹿台恨》，周信芳饰比干
下图 | 《鹿台恨》（1959），周信芳饰比干

1931年，周信芳在"九一八"事变后决心排演唤醒民心的剧目，与尤金圭合作整理、创作描写清代三百年历史的连台本戏，后因困难只编了三本。头本从努尔哈赤的先祖乌拉特出世演到明朝总督洪承畴失节投降，1931年10月28日首演于上海天蟾舞台，周信芳前饰乌拉特、后饰洪承畴，小杨月楼饰顺治母吉特氏。二本前述吴三桂与陈圆圆的故事，后将旧本《明末遗恨》浓缩加工编入。12月19日首演于天蟾，连演月余。周信芳饰崇祯帝，小杨月楼饰济尔格。二本演至1932年1月26日，两天后日军制造"一·二八"事变进犯上海，上海娱乐场所全部停业。周信芳本已将三本剧本写好并计划参演，后离沪巡演而未演出。

上图 ｜ 《满清三百年》头本，周信芳饰乌拉特
下图 ｜ 《满清三百年》头本，周信芳饰洪承畴，小杨月楼（左）饰吉特氏

《满清三百年》二本，周信芳饰崇祯帝，刘韵芳（右）饰王承恩

上图 | 《满清三百年》停演后，1932年周信芳重新编演了《明末遗恨》，周信芳（前）饰崇祯帝

下图 | 周信芳演出《明末遗恨》时在后台留影

上图 | 《明末遗恨》，周信芳饰崇祯帝
下图 | 《明末遗恨》，周信芳饰崇祯帝，刘韵芳（中）饰王承恩，高百岁（左）饰李国桢

《明末遗恨》，周信芳饰崇祯帝，刘韵芳（右）饰王承恩（周英华提供）

《明末遗恨》，周信芳（中）饰崇祯帝，王兰芳（左）饰皇后（周英华提供）

上图 ｜《董小宛》，周信芳饰冒辟疆，王熙春（中）饰董小宛，高百岁（左）饰顺治帝
下图 ｜《天雨花》，周信芳饰左维明

1938年，周信芳排演《温如玉》，周信芳饰温如玉

《香妃恨》，周信芳饰布那敦

《香妃恨》，周信芳饰乾隆

周信芳原拟在《满清三百年》中排演乾隆与香妃的故事，由于该剧中途停演，叙述这一故事的《香妃恨》直到1938年才单独上演于卡尔登大戏院。《香妃恨》由胡梯维编剧，剧中宣传了对敌不屈的抗战精神，由周信芳导演兼任主演，前饰大和卓木布那敦，后饰乾隆，王熙春饰香妃，高百岁前饰小和卓木霍集占，后饰纪晓岚。

1938 年，周信芳请朱石麟编写了《徽钦二帝》，周信芳饰宋徽宗

上海"孤岛"时期，周信芳在卡尔登大戏院演出的六本连台本戏《文素臣》是他最后一部也是艺术最成熟、水平最高的一部连台本戏。《文素臣》二本，周信芳饰文素臣，王熙春（右）饰未鸾吹，张慧聪（左）饰素娥

《文素臣》二本，周信芳（中）饰文素臣，高百岁（右四）饰任信

《文素臣》三本，周信芳饰文素臣

《文素臣》四本，周信芳饰文素臣，于宗瑛（右）饰红须客（周英华提供）

在敌伪时期遭到禁演的《文天祥》在1950年5月17日，首演于上海天蟾舞台，周信芳（中）编导并饰演文天祥。何毓如（左）饰宋度宗

《文天祥》，周信芳饰文天祥，穆静娴（左）饰欧阳氏

周信芳设计的改良帔

《文天祥》，周信芳饰文天祥，汪志奎（左）饰伯颜

周信芳设计的文天祥盔

周信芳设计的方形靠旗

周信芳设计的文武袖

上图 | 《文天祥》，周信芳饰文天祥
下图 | 《文天祥》，周信芳（右一）饰文天祥

上图 ｜ 1951年，《信陵君》首演，周信芳饰信陵君
下图 ｜ 《信陵君》，周信芳饰信陵君，朱春霖（右）饰侯嬴

1952年，上海市人民京剧团集体改编马少波编剧的《闯王进京》，周信芳（右五）饰李岩，曹寿春（右三）饰宋治中

《闯王进京》，周信芳饰李岩

《闯王进京》第二十一场"宫廷争辩"剧照,曹慧麟(左一)饰红娘子、周信芳(左二)饰李岩,贾振声(左三)饰宋献策,李桐森(中)饰李自成,孙正阳(右三)饰牛金星,张洪奎(右二)饰刘宗敏,李秋森(右一)饰李牟

1956年夏，周信芳带领剧团到杭州向国风昆苏剧团学习昆剧《十五贯》，8月在上海首演。《十五贯》，周信芳饰况钟

上图 ｜《十五贯》，周信芳饰况钟，赵晓岚（左）
　　　饰苏戌娟，黄正勤（右）饰熊友兰
下图 ｜《十五贯》，周信芳饰况钟，沈金波（左）
　　　饰周忱

上图 | 《十五贯》，周信芳饰况钟，王金璐（左）饰过于执
下图 | 《十五贯》，周信芳饰况钟，孙正阳（左）饰娄阿鼠

《十五贯》，周信芳饰况钟，孙正阳（左）饰娄阿鼠

上图 | 1959年9月30日，《海瑞上疏》首演于上海天蟾舞台，周信芳饰海瑞
下图 | 《海瑞上疏》，周信芳饰海瑞，童祥苓（左）饰何以尚

上图 | 《海瑞上疏》，周信芳饰海瑞
下左 | 《海瑞上疏》，周信芳饰海瑞，沈金波（左）饰何以尚，金素雯（中）饰海夫人
下右 | 《海瑞上疏》，周信芳饰海瑞，金素雯（左）饰海夫人

《海瑞上疏》，周信芳（右二）饰海瑞，李桐森（左一）饰嘉靖，赵德钰（左三）饰冯保

周信芳 画传

上图 ｜ 《海瑞上疏》，周信芳（前）饰海瑞，李桐森（后左三）饰嘉靖
下图 ｜ 《海瑞上疏》，周信芳饰海瑞

上图 | 1959年10月15日,《劈山救母》首演,周信芳饰刘彦昌,李玉茹(左)饰王桂英

下图 | 《劈山救母》,周信芳饰刘彦昌,李玉茹(左二)饰王桂英,梁斌(右一)饰沉香,张玉帆(左一)饰秋儿

1962年5月，陈西汀编剧的《澶渊之盟》在武汉人民剧院首演，后于9月19日上演于上海天蟾舞台，周信芳担任导演并演寇准，赵晓岚、汪正华、王正屏等合演

周信芳演出《澶渊之盟》所用团龙蟒

上图 | 《澶渊之盟》，周信芳（前）饰寇准，汪正华（后左二）饰宋真宗
下图 | 《澶渊之盟》，周信芳饰寇准，李仲林（左）饰李继隆

上图 | 《澶渊之盟》，周信芳（后中）饰寇准，赵晓岚（前）饰萧太后
下图 | 《澶渊之盟》，周信芳（右一）饰寇准，汪正华（右二）饰宋真宗，王正屏（左一）饰高琼，孙正阳（左三）饰王钦若

《澶渊之盟》，周信芳（前右二）饰寇准，赵晓岚（前左二）饰萧太后，李仲林（前右一）饰李继隆，王正屏（前右三）饰高琼，李秋森（前左一）饰耶律隆绪

周信芳演出《澶渊之盟》所用相貂

《戏剧报》1963年第2期封底，周信芳饰寇准

1964年2月，许思言根据越剧改编的现代戏《杨立贝》在上海中国大戏院彩排，周信芳饰杨立贝，赵晓岚、小毛剑秋、刘斌昆、李桐森等合演。此剧目最终未能获准公演，杨立贝是周信芳舞台生活中塑造的最后一个角色。

上图 ｜《杨立贝》，周信芳饰杨立贝
下图 ｜《杨立贝》，周信芳饰杨立贝，小毛剑秋（左）饰杨立贝之女

含咀英华

周信芳经常对自己的学生强调不能死学，主张学戏要领会精神，然后大胆创造。流派不是一成不变的，艺术的鲜活生动是麒派塑造人物深入人心的原因。即使是许多人都演的传统戏，即使是一些寻常的念白或身段，周信芳演来却能扣人心弦，这就是他表演的感染力，绝不是千人一面，而是用全身心去演戏。

麒派的经典剧目，大都来自民间。按周信芳自己说，他喜欢的戏是"未经过士大夫的修饰，有它的朴实可爱之处"。徐策、萧何、宋士杰、萧恩、邹应龙、海瑞等角色都具有现实性，又都寄托着劳动人民对于正义公道的理想，体现着积极的浪漫主义精神。

《四进士》，周信芳饰宋士杰

上图 | 《四进士》，周信芳饰宋士杰，李玉茹（左）饰杨素贞，赵晓岚（中）饰万氏
下图 | 《四进士》，周信芳（右一）饰宋士杰，李玉茹（左二）饰杨素贞，汪志奎（左四）饰顾读

上图 |《四进士》，周信芳（右一）饰宋士杰，
　　　赵晓岚（右二）饰杨素贞
下图 |《四进士》，周信芳（右二）饰宋士杰，
　　　汪志奎（左一）饰顾读

上图 | 《四进士》，周信芳饰宋士杰，金素雯（左）饰万氏
下图 | 《四进士》，周信芳饰宋士杰，童芷苓（左）饰万氏

《四进士》，周信芳饰宋士杰

《四进士》，周信芳饰宋士杰

《四进士》，周信芳饰宋士杰

扫码欣赏
《四进士》唱段

《四进士》，周信芳饰宋士杰

周信芳至晚在1912年即演过《四进士》，饰宋士杰。此后，周信芳经常上演这出戏，使其成为麒派的代表剧目。对于宋士杰这个人物，周信芳这样分析："宋士杰是这么一个特定环境中产生的特定的人物，他有着自己独特的性格，要演好这个角色，还必须很好地掌握分寸。因为幽默和庸俗，洒脱和油滑，往往只一步之差。怎样才能适当地掌握分寸呢？只有不断提高自己的政治水平和各方面的修养，这样才能够分辨精华和糟粕，正确和谬误，人物的进步性和局限性；才能分辨艺术上的精粗美恶，才能使演出具有人民性和真实感。既不能把宋士杰演成一般的侠客义士，也不能把他演成一味油腔滑调、玩世不恭的老头儿。"（周信芳口述、卫明、吕仲记录：《周信芳舞台艺术》，中国戏剧出版社1961年版，第57页）

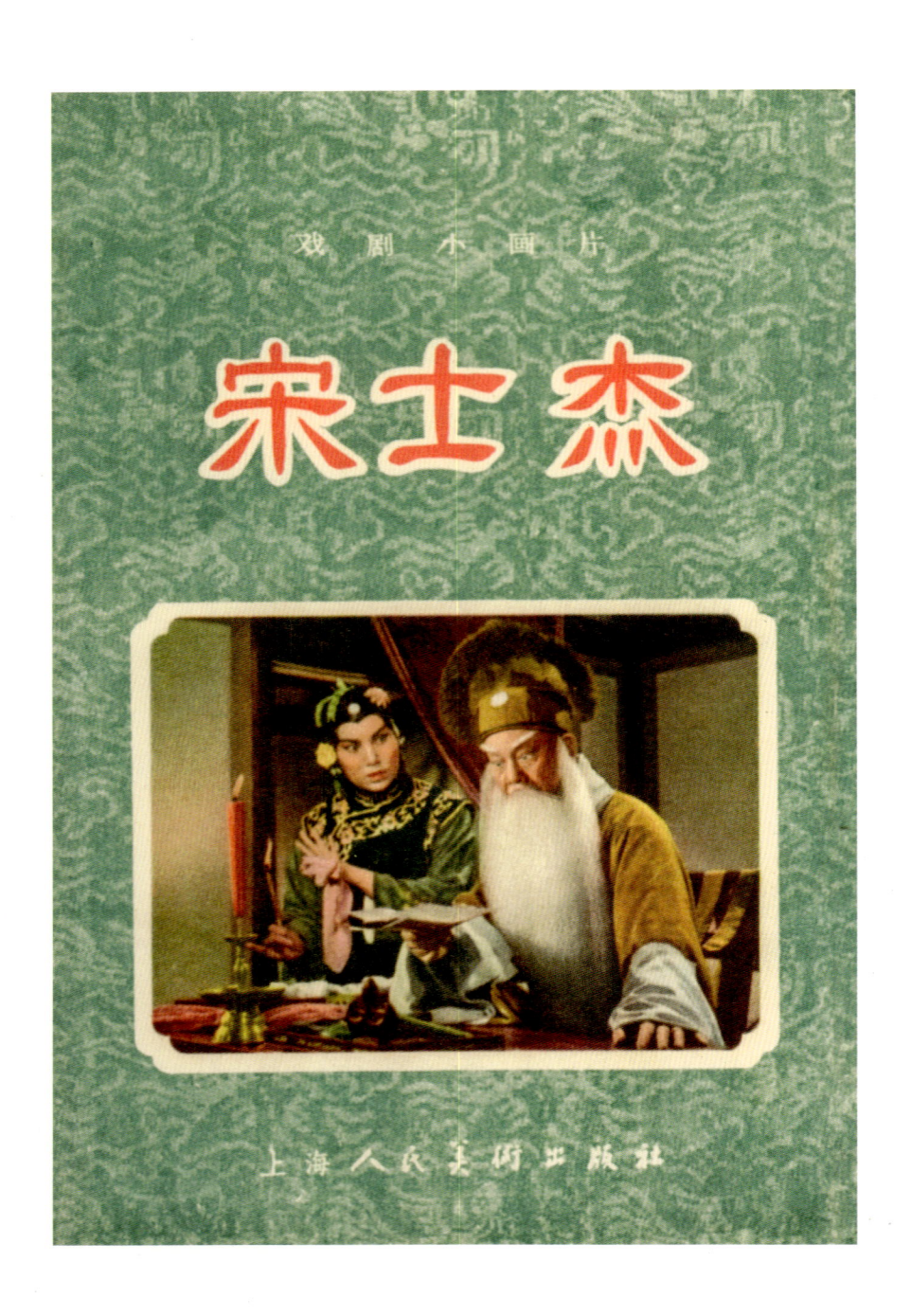

1956年,《四进士》由上海电影制片厂摄制成彩色影片《宋士杰》。该片由桑弧改编,应云卫、刘琼执导,周信芳饰宋士杰,李玉茹饰杨素贞,童芷苓饰万氏,沈金波饰毛朋,黄正勤饰田伦。上海人民美术出版社出版电影《宋士杰》连环画

上海人民美术出版社出版电影《宋士杰》连环画

上海人民美术出版社出版电影《宋士杰》连环画

周信芳画传

《清风亭》，周信芳饰张元秀

《清风亭》又名《天雷报》，周信芳饰张元秀。他学习这出戏的过程十分不易，曾在总结舞台艺术的时候详细记述："这出戏初出现在舞台上的时候，还不够完整，经常只从张元秀夫妇在贫病交迫中'思子''望子'演起，至两老碰死在清风亭、雷殛张继保为止。当我十四五岁的时候，看到班里有一位老前辈郝寿昌先生演《天雷报》演得很好，就对这出戏发生了浓厚的兴趣。可是在旧社会里，要向一个不是自己师父的人学戏，并不是一件简单的事情。不想，在一次偶然的机会里，这位郝先生发现我在偷学他的戏，反而表示十分高兴，称我是个'有心胸的孩子'，慨然地就将《天雷报》无私地传授给我。我当然不肯放过这个千载难逢的机会，就向郝先生学会了这出戏。《天雷报》学会了以后，我这个在艺术上贪得无厌的人，总感到没有见到全部的《天雷报》剧本，是一件憾事。听到同行中有人说，京剧里曾有过全部《天雷报》的本子，特别是《赶子》一场的情节格外动人，不过大家也都没有见过舞台上的演出。一直到我二十多岁的时候，才在上海初次看到夏月珊先生贴演这出《清风亭》中的《赶子》一折。夏月珊先生当时演这出戏，是由赵文连先生配演周桂英，他们几个人都演得很好。经过这次观摩，我心里才有了底子。虽然夏月珊先生并没有演前几场戏，但仍为我在整理时提供了有利的条件。就在这次观摩之后，我根据从北京得来的本子，按照我自己的条件，需增者增，可减者减，可并者并，整理出一个比较完整的全部《清风亭》剧本，将它搬上了舞台。就这样在舞台上反复地实践了三十年，其间和合演的同伴们在剧本上和表演艺术上都不断地予以丰富加工。也在观摩了同行的演出后，不断地得到新的启发。"（周信芳口述，卫明、吕仲记录：《周信芳舞台艺术》，中国戏剧出版社1961年版，第59—60页）周信芳经常上演此剧，表演感人至深，使它成为麒派代表剧目。

《清风亭》，周信芳饰张元秀，刘斌昆（左）饰贺氏

《清风亭》，周信芳饰张元秀

上图 | 《清风亭》，周信芳（左）饰张元秀，金素雯（中）饰周氏
下图 | 《清风亭》，周信芳（前）饰张元秀

周信芳在《乌龙院》中饰宋江,早年常单演《坐楼杀惜》一折,以后与《宋江闹院》连演,名《乌龙院》。后又将《刘唐下书》,插入《宋江闹院》之后,《坐楼杀惜》之前,成为全本《乌龙院》。

《乌龙院·宋江闹院》,周信芳饰宋江,赵晓岚(左)饰阎惜姣

《乌龙院·刘唐下书》，周信芳饰宋江，王正屏（右）饰刘唐

1920年5月15日，周信芳首演全本《乌龙院》。周信芳曾回忆："按照原本，《乌龙院》只有《闹院》《杀惜》两场，而没有《刘唐下书》，演法大致相同……从《乌龙院》的原词来看，宋江一上来就唱'那一日闲游在大街上，偶遇好汉小刘唐'，那么《刘唐下书》似乎应该在《闹院》以前。到底怎么演法，没有见到过。后来看到冯志奎、潘月樵两位老先生演，是在《闹院》之后。这比较合理。如果《下书》在前，宋江收到梁山的信，随便往身上一塞，就'到乌龙院走走'，未免太麻痹，也太不像一个时刻关心梁山的英雄了。只是冯、潘两位老先生演的《下书》，还比较粗糙，'水词'比较多。一九五三年整理时，我对这一段作了重点加工。"（周信芳口述，卫明、吕仲记录：《周信芳舞台艺术》，中国戏剧出版社1961年版，第104页）

《乌龙院·坐楼杀惜》,周信芳饰宋江,赵晓岚(左)饰阎惜姣

《乌龙院·坐楼杀惜》，周信芳饰宋江，赵晓岚（左）饰阎惜姣

1961年，上海天马电影制片厂摄制《周信芳的舞台艺术》彩色影片，其中有《下书杀惜》，杨小仲导演，周信芳饰宋江，赵晓岚饰阎惜姣，王正屏饰刘唐。

上图 ｜ 刘唐（右）携带梁山书信夜奔郓城县探望宋江

下图 ｜ 宋江夜宿乌龙院，阎惜姣（左）与奸夫张文远勾搭，伺机陷害宋江

上图 | 宋江不慎遗落梁山书信,被阎惜姣拾得,百般要挟
下图 | 宋江被迫无奈,将阎惜姣(左)杀死

《萧何月下追韩信》，周信芳饰萧何

1922年，周信芳为刘奎童编写了《萧何月下追韩信》并为其配演韩信，此后又自饰萧何。经过不断加工，这出戏终成其代表作。传统戏曲舞台上，较少有背对观众的表演。在这出戏中，当萧何赶到馆驿读墙上韩信弃官而走留下的题诗时，周信芳背对观众，一边读诗一边用肩背由慢到快地颤动，表现萧何内心的情感波动。这一段是他在看了美国电影明星约翰·巴里摩尔（John Barrymore）的背影镜头后得到的灵感，他将电影艺术的表演技巧化进了京剧中，有张力而不突兀，有着一种"拿来我用"的创作勇气。

《萧何月下追韩信》，周信芳（左二）饰萧何，刘斌昆（左三）饰夏侯婴

《萧何月下追韩信》，周信芳饰萧何

《萧何月下追韩信》，周信芳饰萧何

《萧何月下追韩信》，周信芳饰萧何，刘少春（左）饰韩信

《萧何月下追韩信》，周信芳饰萧何，刘少春（右）饰韩信

《萧何月下追韩信》（1956），周信芳饰萧何

《萧何月下追韩信》，周信芳饰萧何

周信芳演出《萧何月下追韩信》所用改良蟒

《徐策跑城》,周信芳饰徐策

《徐策跑城》,南派传统戏,周信芳饰徐策,他曾在《〈徐策跑城〉表演艺术》中谈到过这出戏的源头:"《徐策跑城》本来是徽班戏,最初是三麻子移植过来的。他当时还移植了《扫松》《斩经堂》《水淹七军》等等。有些人演《跑城》,把徐策演成一个十分衰老的人,连风也可以吹得倒,这样莫说是'跑',走也走不了。三麻子在移植时是有创造的,他并没有把徐策演得十分老迈不堪,最后跑城的一场,还创造了十字形的走法,改变了原来走过来走过去的单调的走法。徽调的【高拨子】唱起来比较柔,好听,但不够有力,三麻子唱起来就比较有力。我是在三麻子的基础上,经过多年的演出,再逐步加工丰富的。我是在三十岁左右的时候开始演这出戏。我始终主张演员要看得多,学得多,会得多,演得多,这样才谈得到创造。"(周信芳口述、卫明、吕仲记录:《周信芳舞台艺术》,中国戏剧出版社1961年版,第167—168页)

《徐策跑城》，周信芳饰徐策

《徐策跑城》，周信芳饰徐策，黄正勤饰薛蛟，刘少春饰家院

周信芳演出《徐策跑城》所用改良蟒

周信芳为了配合剧中徐策大段的舞蹈动作特意设计了这件蟒，它相对传统蟒袍尺寸更窄更小，分量更轻，两袖将传统的团龙纹改为行龙纹，胸口绣一卧龙，将繁复的八宝纹等点缀花纹省去。制作者用富有层次变化的蓝色线在香色衣料上绣出了生动的纹样，在舞台上如点翠一般精美。这件蟒袍还有一特殊之处是大襟处绣的云边，其实这是当时做衣服的师傅不小心划开了衣料，为了掩盖缝合处而绣上的。周信芳得知后没有发脾气，欣然接受了这一因为失误而产生的独特设计。

《徐策跑城》中"跑城"一段的身段和舞蹈

1926年10月,周信芳在丹桂第一台首演了《徐策跑城》。这出戏周信芳很早就从王鸿寿那儿学得,但正式演出较晚。对此剧周信芳做了大幅度的创造和发展,对原来"跑城"的舞蹈做了多方面的丰富,使"跑城"成为京剧老生剧目中"舞"的经典代表。

家院下场后,徐策准备上朝,凝神静思

【新凤点头】"嘟才 台台台"

【新凤点头】"仓"(抓袖)

【新凤点头】"仓"(抓袍)

"湛湛青天不可欺"

"且看来早与来迟"

扫码欣赏
《徐策跑城》唱段

"天佐天佑俱打坏"	"太子的金盔……"	"……落尘埃"
"紫禁城杀一个……"	小过门中双抖袖	"……乱纷纷"
"往日行走走不动"	"今日行走快似风"	"两步当作一步行"

"急急忙忙往前进"	左右抓袖疾走	带踢带跳的身段
往前冲跌	撑起后退	站住，双翻袖
软屁股座子	【纽丝】中抓袖，起步	【尾声】中下场

1961年，上海天马电影制片厂摄制《周信芳的舞台艺术》彩色影片，其中有《徐策跑城》，应云卫导演，周信芳饰徐策、汪志奎饰薛刚、陆振声饰家院。

上图 | 薛蛟到韩山带来薛刚的兵马进逼长安，徐策（右）喜极，亲上城楼观望
下图 | 徐策应允薛刚（左）代为上殿奏本，为薛家申冤

上图 | 徐策见薛家后代的英雄气概，欣喜万分
下图 | 徐策不顾年老体衰，急急忙忙上朝奏本

《打渔杀家》，又名《庆顶珠》《讨渔税》，周信芳饰萧恩。1900 年，周信芳就随老师学习了该剧。其后，周不断打磨修改此剧，使之成为麒派经典剧目。1947 年 2 月，第四届戏剧节观摩公演在上海天蟾舞台举行，周与梅兰芳合演此剧。1953 年在朝鲜慰问中国人民志愿军时，周又与梅合演此剧。

在对《打渔杀家》的舞台艺术记录中，周信芳这样理解萧恩这个人物的情绪发展："戏里的人物性格十分鲜明，剧情是逐步发展的，同时，也是有曲折、有起伏的。先是丁郎来催讨渔税，这时挑起了一个小高潮，萧恩隐忍下去了；接着来了大教师，带了一群打手来催讨渔税，压力更重了，萧恩还是想忍耐，却又被迫和他们交了手。事态越来越严重，发展到上公堂抢原告反遭毒打，还要过江赔罪，萧恩的忍耐到了尽头，起了杀机。照理，戏应该立刻向高潮发展，然而并不，反而向下落了一落，这就是萧恩和桂英离家上船的那一段。牵扯越是多，障碍越是多，萧恩的决心也就越是坚定而不可动摇。这一段充满了悲剧性的戏，实际上更为高潮积蓄了力量，好比猛进之前的一个退步。正因为有这个退步，就能在前进时得到更大的冲力。这样，到了《杀家》的时候，就像火山爆发一样，一发而不可收拾了。"（周信芳口述，卫明、吕仲记录：《周信芳舞台艺术》，中国戏剧出版社 1961 年版，第 207 页）

《打渔杀家》，周信芳饰萧恩

《打渔杀家》，周信芳饰萧恩，梅兰芳（左）饰萧桂英

《打渔杀家》，周信芳饰萧恩，童芷苓（右）饰萧桂英

《打渔杀家》，周信芳饰萧恩，童芷苓（左）饰萧桂英

上图 | 《打渔杀家》，周信芳饰萧恩，
　　　赵晓岚（左）饰萧桂英
下图 | 《打渔杀家》，周信芳饰萧恩，
　　　李玉茹（左）饰萧桂英

《打渔杀家》，周信芳饰萧恩，王正屏（右）饰倪荣，刘少春（中）饰李俊

《打渔杀家》，周信芳饰萧恩，孙正阳（左）饰大教师

《打渔杀家》（1957，上海人民大舞台），周信芳饰萧恩，刘斌昆（右）饰大教师

《群英会》，周信芳饰鲁肃，刘文魁（右）饰诸葛亮

《群英会·华容道》，周信芳早年演出《群英会》，饰诸葛亮，自"舌战群儒"演起，后带老本"借东风"。后来，周演此剧，改饰鲁肃，汪笑侬饰诸葛亮。1925年2月15日，周首次连演《群英会·华容道》，前饰鲁肃，后饰关羽，后来经常上演此戏。

上图 ｜ 《群英会》，周信芳（前左一）饰鲁肃，俞振飞（前右二）饰周瑜，迟世恭（前右一）饰诸葛亮
下图 ｜ 《群英会》，周信芳（前右）饰鲁肃，迟世恭（前左）饰诸葛亮

上图 | 《群英会》，周信芳（前右）饰鲁肃，迟世恭（前左）饰诸葛亮
下图 | 《群英会》，周信芳（前右）饰鲁肃，俞振飞（前左）饰周瑜

《华容道》，周信芳饰关羽

《华容道》，周信芳（前）饰关羽，迟世恭（后左三）饰诸葛亮

《华容道》，周信芳饰关羽，萧德寅（右）饰周仓，董燕庭（左）饰关平

扫码欣赏
《华容道》唱段

周信芳 画传

《华容道》，周信芳（右）饰关羽

周信芳 画传

《单刀赴会》，周信芳饰关羽

1916年6月13日，王鸿寿演此剧时饰关羽，周信芳为其配演鲁肃。此后，周信芳经常演出此戏，自饰关羽。1958年周信芳率团巡演途中，为纪念关汉卿戏剧创作七百周年，周编写了新版《单刀赴会》，于1958年7月4日在太原首演。

上图 ｜《单刀赴会》，周信芳（左二）饰关羽，萧德寅（左一）饰周仓，刘少春（左三）饰关平
下图 ｜《单刀赴会》，周信芳饰关羽，李宝櫆（左）饰鲁肃

《单刀赴会》，周信芳（左）饰关羽，萧德寅（右）饰周仓

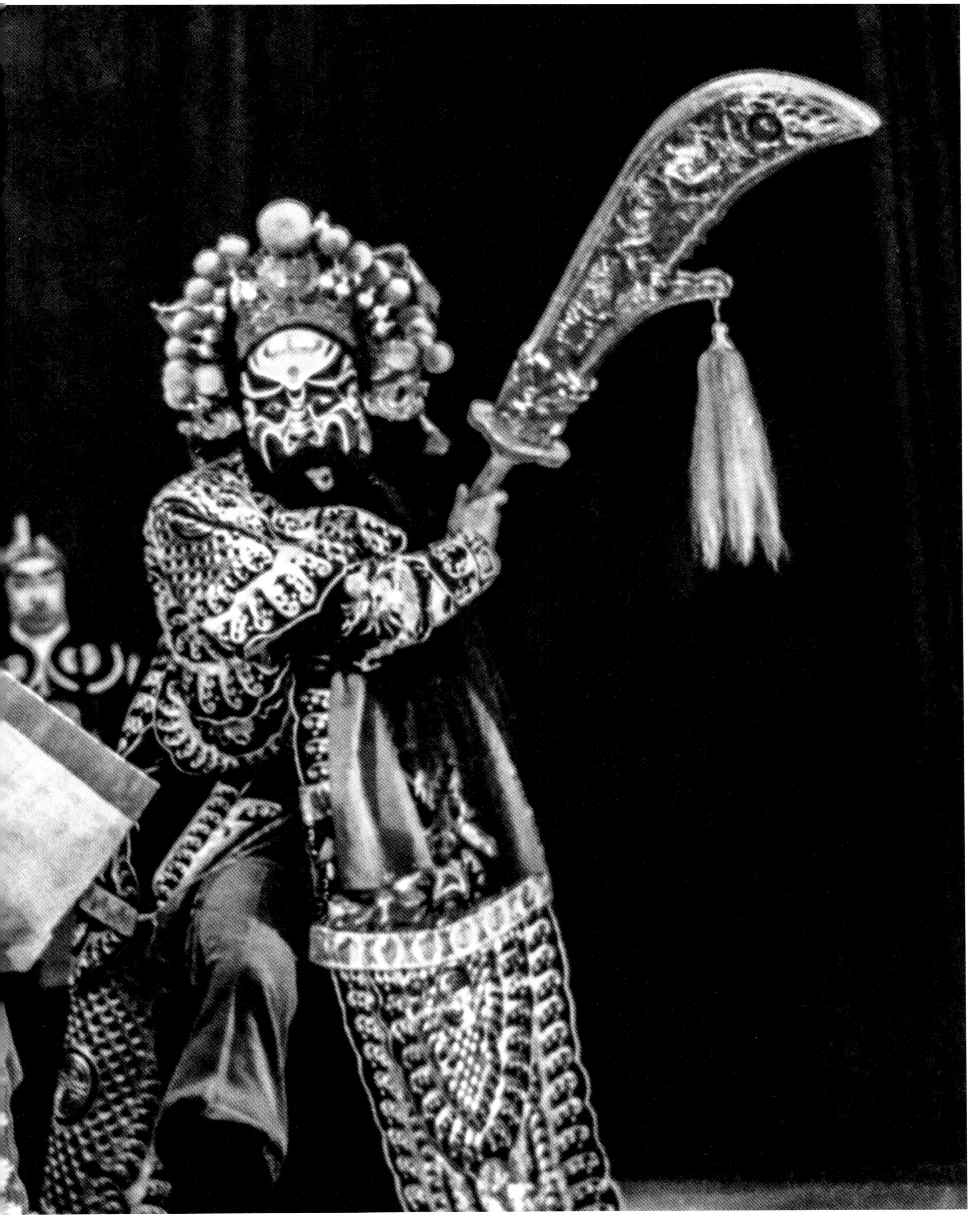

《投军别窑》，南派的这出戏从梆子移植而来，由牛松山带到上海，薛平贵以小生应工，戴大叶巾，穿箭衣马褂。后来，潘月樵将这出戏改为皮黄。周信芳在海参崴首演《投军别窑》，此后周常演此剧，有其独特创造。

《投军别窑》，周信芳饰薛平贵

《投军别窑》，周信芳饰薛平贵，王灵珠（左）饰王宝钏

上图 ｜《投军别窑》，周信芳饰薛平贵，金素雯（左）饰王宝钏
下图 ｜《投军别窑》，周信芳饰薛平贵，李玉茹（左）饰王宝钏

《投军别窑》，周信芳饰薛平贵

周信芳 画传

《打严嵩》，周信芳饰邹应龙

《打严嵩》又名《开山府》，周信芳饰邹应龙。周早年在北京学艺时就上演过此戏。此后，周信芳经常演出该剧，金少山、裘盛戎等均曾与其合作，饰演严嵩。

上图 | 《打严嵩》，周信芳饰邹应龙，曹宝峰（左）饰严嵩
下图 | 《打严嵩》，周信芳饰邹应龙，周五宝（右）饰严侠

《打严嵩》，周信芳饰邹应龙，汪志奎（左）饰严嵩

《打严嵩》（1935），周信芳（前右）饰邹应龙，金少山（前左）饰严嵩

《打严嵩》，周信芳饰邹应龙，裘盛戎（右）饰严嵩

《斩经堂》，原为王鸿寿由徽班戏移植，周信芳饰吴汉。1925年8月21日，周信芳首演。1936年，上海华安影业股份有限公司开始将该剧摄成黑白有声片，费穆任艺术指导，周翼华导演，袁美云饰王兰英。

《斩经堂》，周信芳饰吴汉

扫码欣赏
《斩经堂》唱段

《斩经堂》，周信芳饰吴汉，金素雯（左）饰王兰英

《斩经堂》电影剧照（1936），周信芳饰吴汉，袁美云（右）饰王兰英（周英华提供）

上图 ｜ 《斩经堂》电影剧照（1936），周信芳饰吴汉，张德禄（右）饰马成（周英华提供）
下图 ｜ 《斩经堂》电影剧照（1936），周信芳饰吴汉，汤桂芳（左）饰吴母（周英华提供）

周信芳 画传

《战长沙》，周信芳饰黄忠

《战长沙》又名《义释黄忠》，周信芳饰黄忠。周信芳1911年11月22日首次上演该剧，此后经常演出。1962年，他与周少麟合演这出戏，周少麟饰关羽，这也是父子俩唯一一次同台。

《战长沙》，周信芳（前右）饰黄忠，王正屏（前左）饰魏延

《战长沙》，周信芳饰黄忠，周少麟（右）饰关羽

《战长沙》，周信芳（前左）饰黄忠，王金璐（前右）饰关羽

《赵五娘》，南派传统剧目，周信芳多饰张广才，亦曾扮演过蔡伯喈。1920年，上海商务印书馆电影部将剧中《南浦送别》和《琴诉荷池》中的两个片段拍摄为默片。周信芳后来经常将《描容上路》和《扫松下书》两折抽出单演，成功展现了张广才的古道热肠。

《赵五娘·描容上路》，周信芳饰张广才，李玉茹（左）饰赵五娘

《赵五娘》，周信芳饰张广才

《赵五娘·描容上路》，周信芳饰张广才，李玉茹（左）饰赵五娘

上图 | 《赵五娘·扫松下书》，周信芳饰张广才
下图 | 《赵五娘·扫松下书》，周信芳饰张广才，周五宝（左）饰李旺

上图 | 《赵五娘·扫松下书》，周信芳饰张广才，刘斌昆（左）饰李旺
下图 | 《赵五娘》，周信芳饰张广才，李玉茹（中）饰赵五娘，黄正勤（右）饰蔡伯喈

《义责王魁》，吕仲编剧，根据上海市人民评弹团演出本改编。1959年春节，该剧在上海市戏剧会演中作示范演出，3月15日在人民大舞台公演，周信芳导演并饰王中，黄正勤饰王魁，孙正阳饰张千。周信芳在这出戏中塑造了一个完全不同于传统义仆戏的、善良正直的老仆人，这个人物体现了劳动人民的是非观和骨气。

《义责王魁》，周信芳饰王中

上图 ｜ 《义责王魁》，周信芳饰王中，孙正阳（左）饰张千
下图 ｜ 《义责王魁》，周信芳饰王中，王泗水（左）饰门官

《义责王魁》，周信芳饰王中

上图 ｜《义责王魁》，周信芳饰王中，齐英才（左）饰王魁
下图 ｜《义责王魁》，周信芳饰王中，黄正勤（左）饰王魁

扫码欣赏
《义责王魁》
念白、唱腔片段

艺林新帜

  周信芳守正不守旧，进行了大胆的改革和创新。周信芳从生活熔铸程式，强调表演艺术的统一性，注重唱、念、做、打是一个有机的整体。他的嗓音虽带沙声但情感饱满、苍劲浑厚；他的念白韵味深醇，富有节奏感和音乐性；他的做功从内心出发，充分调动程式来服务于人物；他在唱腔音乐、锣鼓经的运用以及服装、化妆方面都有所独创。他重视表演的真实，也从不忽视艺术的美育作用，他的表演在真实反映人物的情感同时，也在极力追求美的境界。他精通表演艺术，演、编、导全能。自己编写或与人合作编写的剧目有百余出，这些剧目都具有鲜明的时代精神。

  新中国成立后，周信芳全身心地投入新中国文化事业的建设。带头进行戏曲改革，加工锤炼了一批麒派剧目，还领导剧院使一批传统剧目焕发新的光彩。他还亲自率团到各地演出，其中规模最大的两次是1956年的访苏演出和1958年的国内7省11市巡演，受到各界的高度赞誉。在剧院建设、青年培养、京剧传播等方面，周信芳做了许多努力，让麒派艺术得以在中华大地流播传承。

淬化得时

周信芳强调艺术的整体性，对于梨园曾经一味追求新腔新调的现象，他说别只顾了耍腔，而忘了做戏。周信芳强调不为了唱而唱，他的唱与做都从人物出发，以表达情感为目的。他的念白苍劲强烈，讲究音乐性。他还非常讲究锣鼓在表演中的运用，给麒派打鼓既要能打出强烈的戏剧节奏，还要烘托出真实的感情，周信芳也十分重视角色外部造型在京剧艺术中的作用，他为不同的人物量身打造了许多新的造型。麒派艺术是整体的艺术，体现着周信芳鲜明而完整的演剧观念，是吸收了各种旧传新学之后融会贯通的艺术体系。

周信芳20世纪20年代留影（周易提供）

周信芳创造大嗓小生是出于塑造人物需要的。周信芳的大嗓小生不是简单地把小生唱腔用真声唱，而是费了很大的心血琢磨出了一套唱念程式的。他以传统技艺为基础，结合了人物需要，创造了一系列独树一帜的大嗓小生人物，如《鸿门宴》的张良、《华丽缘》的皇甫少华、《苏秦张仪六国拜相》的苏秦、《董小宛》的冒辟疆等。

《鸿门宴》，周信芳饰张良

《华丽缘》，周信芳饰皇甫少华

在默片年代，电影大师卓别林用肢体语言塑造了许多精彩的人物。周信芳对他也十分热爱，还模仿卓别林的造型留下了一帧留影

《斩经堂》这出戏由王鸿寿从徽班戏中移植而来，王鸿寿是用【吹腔】和【高拨子】唱到底的，周信芳不仅在剧本结构上做了调整，吴汉在经堂时的唱腔也改用了【二黄原板】【摇板】，加强了音乐形象和悲剧气氛。
《斩经堂》，周信芳饰吴汉

徐策扮相对照。左图为林树森《徐策跑城》剧照，沿袭了王鸿寿的扮相，戴素相貂，穿素古铜色官衣，挂白满。右图为周信芳剧照，改戴花相貂，缀有珠球，在跑城时配合人物情绪和动作，表现力格外强。相应的，徐策身上也要穿蟒才能匹配，官衣比起蟒来更为轻便，但周信芳功力深厚，穿着蟒载歌载舞依然游刃有余。

《徐策跑城》，林树森饰徐策　　　《徐策跑城》，周信芳饰徐策

黄忠扮相对照。左图为谭鑫培在《定军山·阳平关》中的黄忠扮相，挂白三、戴扎巾。右图为周信芳《战长沙》中的黄忠扮相，他根据自己的脸型和表演需要，挂白满、戴扎巾盔。

《定军山·阳平关》，谭鑫培饰黄忠

《战长沙》，周信芳饰黄忠

周信芳在服装、造型方面还有许多革新与创造。现在舞台上常见的豹子巾（也叫勇士巾），是周信芳在演《凤凰山》时创造的。薛仁贵那时官卑职微，还未受到唐皇赏识，身上穿白箭衣。盔头按传统戴的是夫子盔，但人物当时身份较低，不合适与关公用一样的盔帽，用扎巾又不够威武。周信芳利用龙套巾加以改制，帽后加一块尾子，帽前加了花边，缀上珠子，戴在头上，就有了既符合人物身份又好看的白袍小将形象。

周信芳设计的豹子巾

《凤凰山》，周信芳饰薛仁贵

在化妆上，周信芳也有不少改革。比如《清风亭》的张元秀和贺氏，按照传统的画法，脸上画眼屎、鼻涕，还画瘦骨，形象比较脏，早期周信芳演出时也曾这样扮过。后来他对妆面进行了改良，在脸部的印堂上抹红，老两口生活愈加凄苦后，红色洗掉，敷上白粉，表示人物"年纪迈来血气衰"，再配合表现衰老的身段，两位善良却无依无靠的老人形象就出来了。

《清风亭》，周信芳饰张元秀，刘斌昆（左）饰贺氏（早期）

《清风亭》，周信芳饰张元秀，刘斌昆（左）饰贺氏（麟郎提供）

周信芳演出《生死板》时后台扮戏照

周信芳不仅整理改编老戏，还自己编写剧本，并开始在自己的新戏创作中引入话剧的导演制。1925年，周信芳在上海丹桂第一台推出连台本戏《汉刘邦统一灭秦楚》，《申报》刊登的广告上写明"周信芳君主编、导演"，这部戏是周信芳首次担任编、导、演的作品，他也从一位京剧演员逐渐成为编、导、演皆能的艺术家

上图 | 周信芳曾说过任何人他都学，任何行当他都学，任何戏剧他都学。他在丹桂第一台就与演新剧的冯子和、欧阳予倩同台，后又结识了田汉、洪深，并加入了话剧团体南国社，参与各类艺术研讨和演出活动。1927年，周信芳与欧阳予倩（中）、高百岁（左）合影

下图 | 1928年，南国社全体演员合影。前排左起：周信芳、张恩袭、王芳镇、吴似鸿、唐叔明、姚素贞、雷克俭；后排左起：辛汉文、徐贤任、张慧灵、田汉、刘菊菴、左明、唐槐秋、郑重、高百岁

1928年9月开始，周信芳在天蟾舞台连续编演了《封神榜》，这部连台本戏情节和机关布景新奇，角色配备很齐整，特别是周信芳在各本中分别塑造了姜子牙、比干、梅伯、闻仲等十余个艺术形象，他精湛的演绎备受推崇。

《封神榜》四本，周信芳饰杨任

《封神榜》五本，周信芳饰姜子牙

《封神榜》三本,周信芳饰伯邑考,小杨月楼(中)饰妲己,葛华卿(左)饰太监

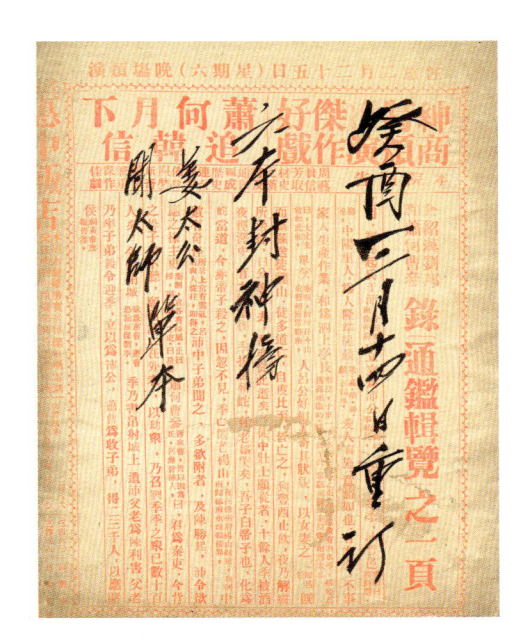

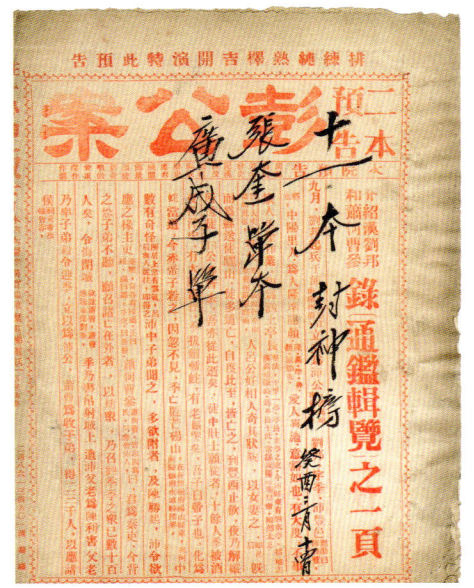

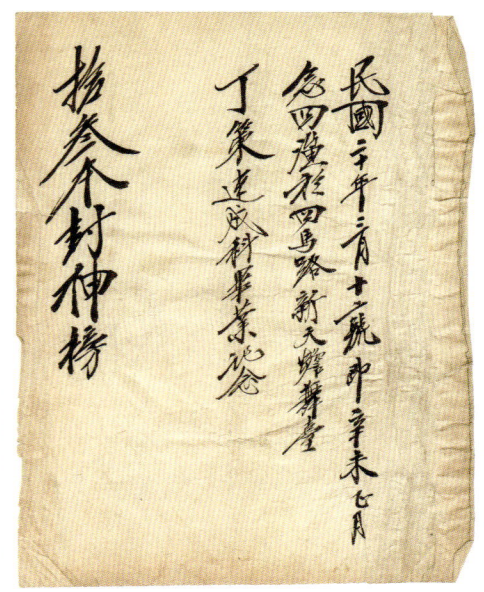

周信芳重订之《封神榜》六本、十一本、十三本的姜子牙、闻仲、张奎、广成子、丁策单本

周信芳认为:"演员如果不熟悉人物的生活,不理解人物的感情,不懂得人物表达思想感情的方式方法,就一定演不像,观众面前也通不过。"(周信芳:《从生活出发 向传统借鉴》,《上海戏剧》1964年第6期)他把黄浦江上渔民撒网的动作融入《打渔杀家》中萧恩的表演,就是典型的一例。

《打渔杀家》,周信芳饰萧恩

周信芳认为京剧舞台上的表演虽然以虚拟、写意为其特色，然而它必须具有生活真实的内涵，才能可信。特别是细节很重要，细节的虚假往往导致整个舞台形象的失真，《四进士》中有几个细节就能体现这一点。一是宋士杰读杨素贞的状子，周说："状子是一张白纸，读的时候，要当它是写满了字的真状来读。读到哪里移行，平时要琢磨好，把它大致固定下来。这是为了避免拿了状子上下乱看，既不合理，又不美观。"二是宋士杰偷偷地把那封行贿信抄写在袍襟上，他说："虽然写字是虚拟的动作，并非真实，却要当真实做，才有真实感。"（参见周信芳口述、卫明、吕仲记录《周信芳舞台艺术》，中国戏剧出版社1961年版，第63、85页）写完了，走到台中把衣襟迎风晾一晾。粘好信封后，在烛火上烘一烘，怕留下烟火痕迹，要侧着烘。

上左 ｜《四进士》，周信芳饰宋士杰，金素雯（左）饰万氏
上右 ｜《四进士》，周信芳饰宋士杰
下图 ｜《四进士》，周信芳饰宋士杰

《义责王魁》中最后一段王中脱衣的程式让观众印象深刻，而这个身段正是从传统戏中找到的灵感。周信芳曾谈过这个身段设计："讲到脱帽，我是根据传统戏《剑峰山》里抓帽子、甩胡子的动作变化而成的；脱衣，则是从《天霸拜山》中吸收来的。通过这一些小小的脱衣、抓帽等动作，说明了一个问题，就是：我们戏曲演员平时必须重视技术，多学一些技术，尽管目前用它不着，一旦遇到了排练新戏时，只要多想一想，就可以依靠传统创造出一套新的表演技术来。这就叫做'闲时备，急时用'。"（周信芳口述，卫明、吕仲记录：《周信芳舞台艺术》，中国戏剧出版社1961年版，第220页）

《义责王魁》，周信芳饰王中

周信芳早在1910年自己年仅15岁时就收了大弟子程毓章,其后又收了三十多个弟子,而当时南派的做功老生几乎没有不学麒派的。周信芳的影响力也不局限于京剧老生行当中,"麒派花旦""麒派花脸""麒派小生"大有人在。周信芳的表演方法也不仅仅是京剧艺人在学习,地方戏曲、话剧、电影、曲艺中都有人在呈现着不同的"麒派"。在流派传承的问题上,周信芳说:"学习流派不能死学,要活学;要根据自己的基础和条件去学。"(李和曾:《我为什么"拜麒"——答〈北京日报〉读者》,载《周信芳艺术评论集》,中国戏剧出版社1982年版,第469页)

上图 | 周信芳与弟子高百岁(左)
下图 | 《淤泥河》,周信芳(前右)饰李世民,高百岁(前左)饰薛仁贵

1959年，周信芳为萧润增（左）说《乌龙院》

周信芳给张学海（左）说《徐策跑城》

周信芳与高盛麟（左）交谈

上图 ｜ 周信芳与青年演员郭仲英（右）、吕爱莲（中）交流《澶渊之盟》的表演
下图 ｜ 周信芳在家中阅读

周信芳在分析《海瑞上疏》中的人物塑造（风吹草花香提供）

周信芳在办公室阅读

周信芳告诫弟子和学生们要多读书，多学文化，掌握广博的知识。周信芳平生最爱读书，是京剧界的饱学之士。他曾为建立梨园公会的戏剧图书馆到处奔走。他说："要知道戏曲的价值，和其中的真义，非得读书不可。譬如要作文章，须多读、多看、多做；要唱戏也得多读、多看、多研究，不读书怎么会知道古人的历史和性情？自己不知道历史，表演起来，能够感动人吗？不能了解真义，就不能把剧情介绍给观众，与傀儡有什么分别呢？……不晓得古今世情，没有感觉着人生苦乐的人，他就不能算是个唱戏的，倘要了然一切，将古人演得出色，非得学问帮助不可！"（周信芳：《怎样理解和学习谭派》，载《周信芳戏剧散论》，中国戏剧出版社1960年版，第21—22页）

艺泽无界

周信芳热爱传统文化，在舞台演出之余，他广泛涉猎文史、书画。同时，在上海这一东西文化的交汇地，他也接触了电影、新剧等新文化。他与话剧界、电影界人士交从甚密，从相互切磋到共同进行艺术创造，他把外国艺术的表演技巧、理念加以揣摩、借鉴，融入了自己的艺术中。这位中国传统艺术的大师，有着面向世界的文化视野。

1956年，周信芳首次率领剧团走出国门，赴苏联的9个城市巡演，在64天中演出了53场。演出受到了苏联观众和艺术家的热情称赞，周信芳回国后感触颇深地说："我们应该有中国戏曲艺术的'斯坦尼斯拉夫斯基体系'。"

周信芳 20 世纪 60 年代留影

1926年，日本歌舞伎名伶守田勘弥带领剧团四十余人来华，赴北京、天津、上海、哈尔滨等地交流演出。演出团到沪后，伶界联合会夏月润、周信芳与欧阳予倩等于9月5日在大东酒楼设宴欢迎。守田剧团来华交流时，十四代目守田勘弥曾扮戏上演《徐策跑城》，十四代目的养子坂东玉三郎后来更是多次来到中国学习上演京剧、昆曲。

1926年9月5日，伶界联合会欢迎日本守田剧团纪念合影。一排左起：夏月润、佚名、佚名、周瑞安、王又宸、十四代目守田勘弥、十三代目守田勘弥、程砚秋、郭仲衡、塚本助太郎、俄国画家夫人、俄国画家、李桂春；二排左起：周信芳、赵如泉、毛韵珂、小杨月楼、欧阳予倩、黄玉麟、佚名、佚名、佚名；三排左起：徐半梅、周凤文

1956年10月28日，周信芳（前右）率中国上海京剧院演出团从北京出发坐火车赴莫斯科，苏联驻华外交官（前左）来车站送行

俄罗斯·莫斯科

上图 | 周信芳（中立者）在莫斯科欢迎晚宴上致辞
下图 | 周信芳（中）与现代俄国汉学奠基人阿列克谢夫（左）等合影

周信芳与苏联木偶艺术大师奥布拉兹佐夫（右）交流

周信芳（前排右二）率演出团成员在伊凡大帝钟楼前

上图 | 周信芳（左一）等为红场墓园无名烈士献花致祭
下图 | 周信芳等在红场。前左起：陈白尘、伊兵、周信芳、佚名、吴石坚

周信芳（中）率演出团成员在克里姆林宫前合影

上图 | 周信芳率演出团成员在克里姆林宫钟王前
下图 | 周信芳（前排右二）等演出团成员参观克里姆林宫

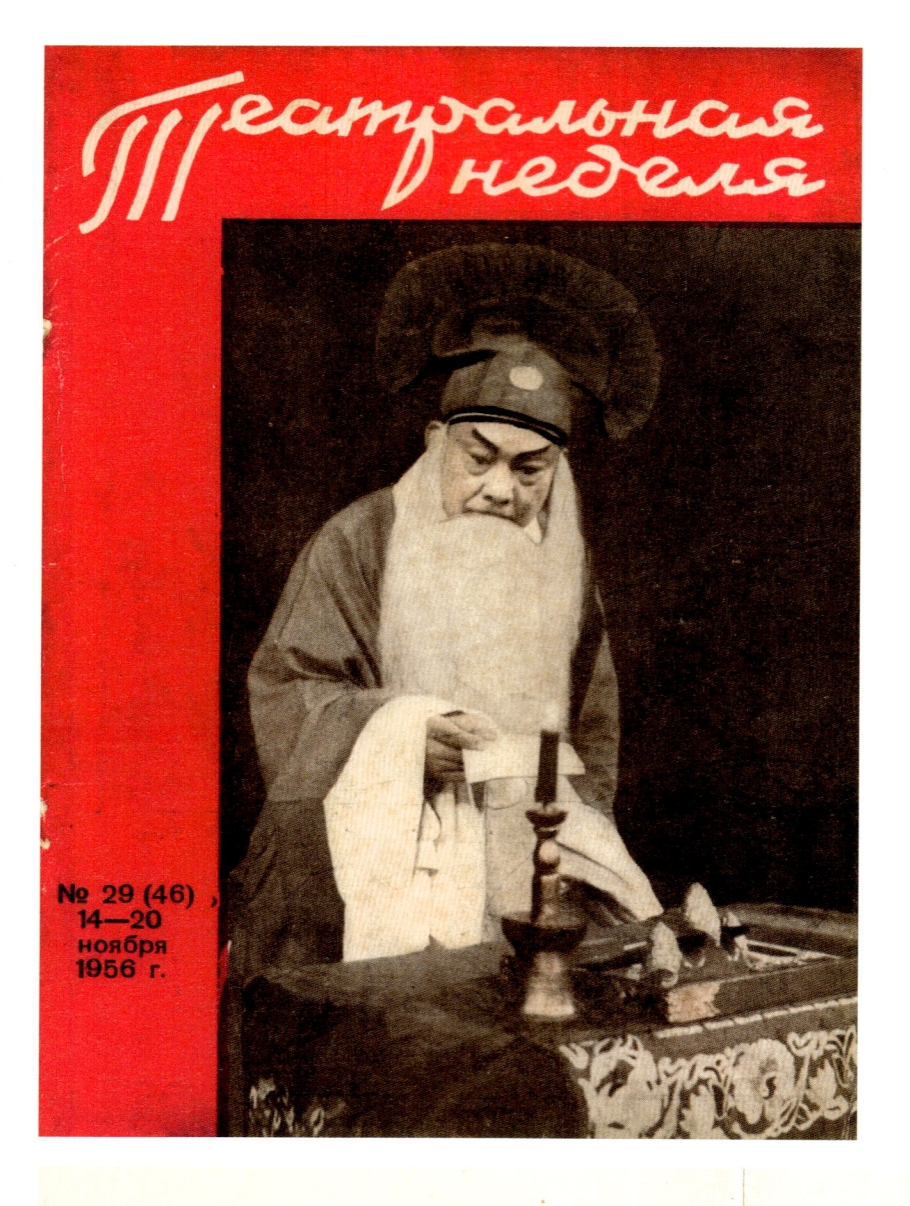

上海京剧院在苏联演出说明书

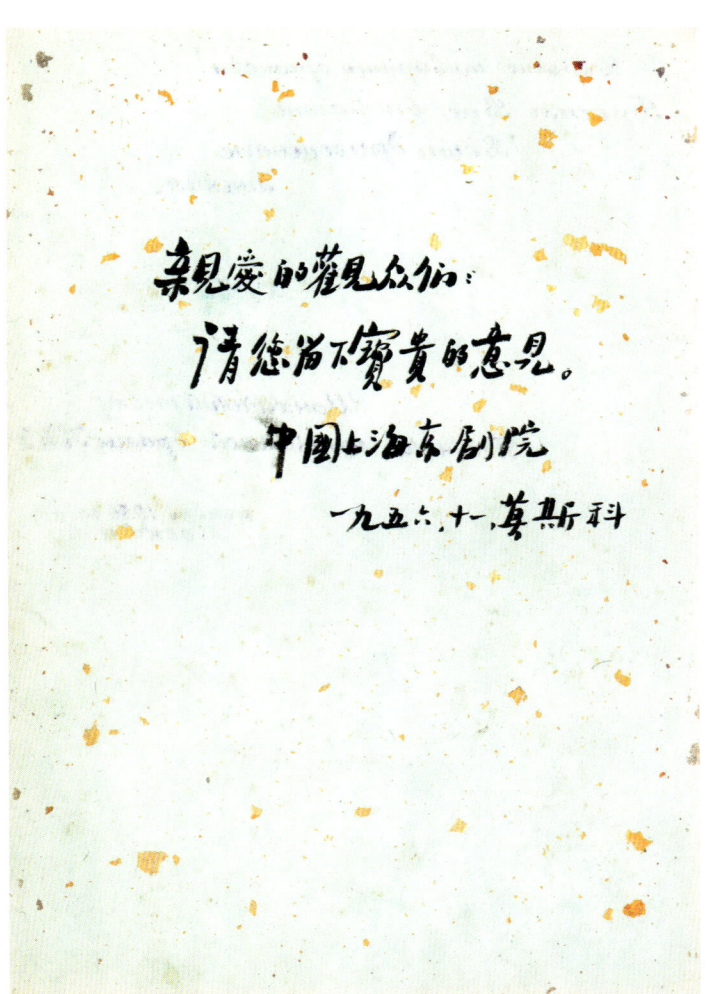

上海京剧院访苏演出团观众意见本

周信芳在苏联演出《打渔杀家》，周信芳饰萧恩，孙正阳（左）饰丁郎

上图 | 演出团在莫斯科音乐剧院演出《打渔杀家》后谢幕
下图 | 在莫斯科音乐剧院演出后，周信芳（右四）、李玉茹（右三）、伊兵（右二）、王金璐（右一）与当地艺术家合影

上图 ｜ 周信芳与伊兵（左）在苏联留影
下图 ｜ 周信芳（中立者）等在莫斯科少年宫参加活动

上图 | 周信芳（中）等在莫斯科街头
下图 | 周信芳（前右二）等参观工厂

演出团在莫斯科音乐剧院演出《四进士》，周信芳饰宋士杰（右一）

扫码欣赏
《四进士》念白片段

周信芳（二排左五）等在苏联观看芭蕾演出

周信芳（前排左四）等夜游红场

周信芳与演出团全体团员在莫斯科音乐剧院演出闭幕式上合影

俄罗斯·列宁格勒（今圣彼得堡）

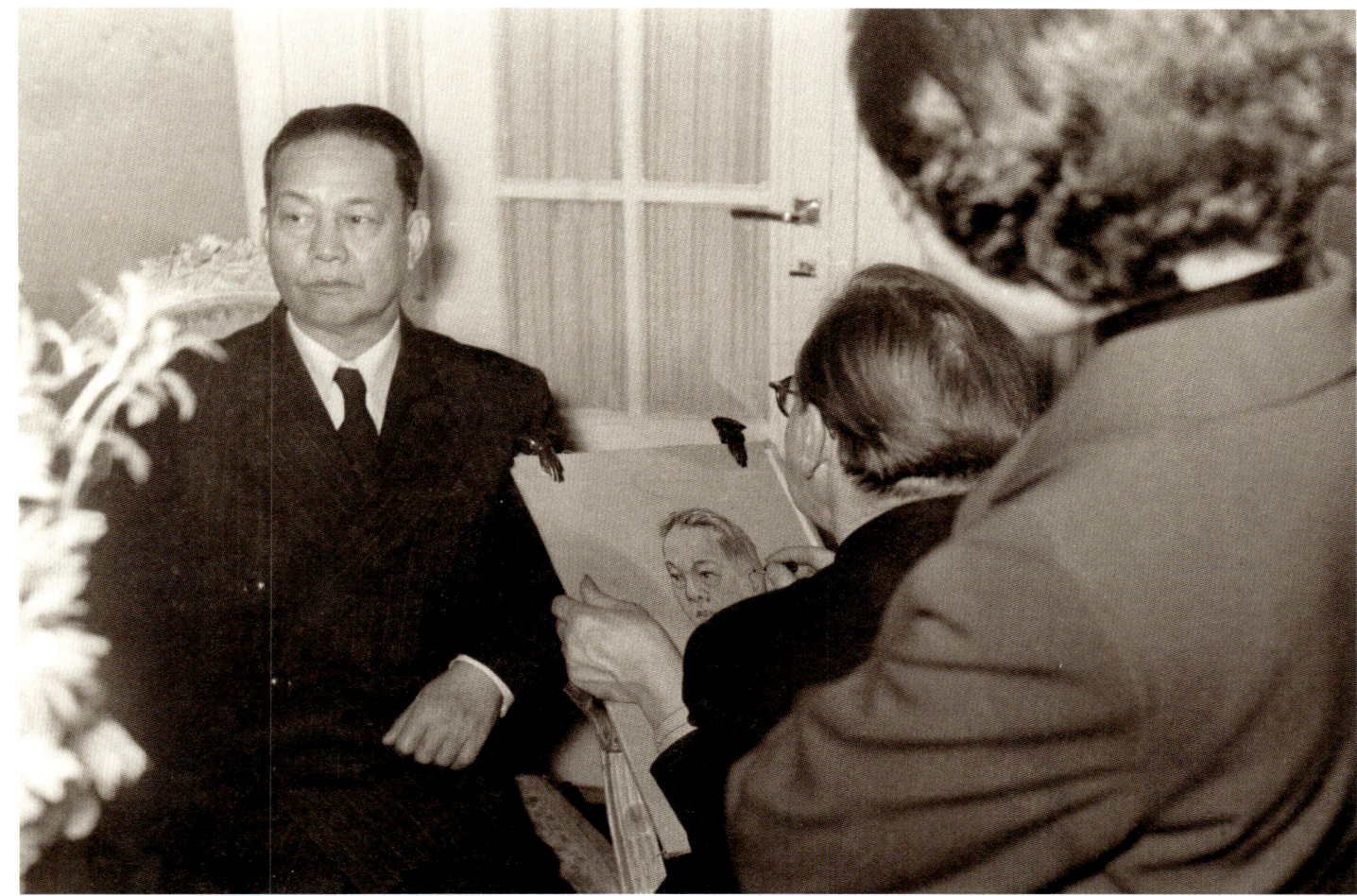

上图 | 周信芳（左六）在列宁格勒联欢会上接受当地文化艺术界献花
下图 | 苏联《青年报》画家波拉尔尼（中）为周信芳（左）画像

上图 ｜ 周信芳等参观阿芙乐尔号巡洋舰
下图 ｜ 周信芳（前排右五）等在列宁格勒冬宫

上图 | 周信芳（中）在列宁格勒少年宫与孩子们跳舞
下图 | 周信芳（中）在列宁格勒少年宫与孩子们游戏

周信芳（前排左四）与中国留学生联欢合影

周信芳在列宁格勒留影

爱沙尼亚·塔林

周信芳（左四）与波罗的海舰队互赠纪念品

上图 | 周信芳（左一）等参观马特洛索夫纪念馆
下图 | 周信芳（右二）等在塔林街头

拉脱维亚·里加

周信芳与苏联小朋友（右）在里加欢迎会上

上图 ｜ 周信芳（左四）等在里加欢送会后与名作家合影
下图 ｜ 周信芳（前排左三）等在里加参加活动

立陶宛·考纳斯

上图 ｜ 周信芳（前中）与李玉茹（前右）等在考纳斯民族艺术博物馆
下图 ｜ 周信芳（右三）参观考纳斯民族艺术博物馆

临别时周信芳（中）接受考纳斯各界人士向演出团献礼

立陶宛·维尔纽斯

上图 ｜ 周信芳（前排左四）等出席维尔纽斯记者招待会
下图 ｜ 周信芳在维尔纽斯街头

周信芳与同人在记者招待会上合影。左起：王金璐、张美娟、刘斌昆、周信芳、李玉茹、沈金波

白俄罗斯·明斯克

上图 | 周信芳（中）在明斯克车站发表讲话
下图 | 周信芳（中）等在明斯克汽车制造厂出品的 25 吨巨型卡车前留影

上图 ｜ 周信芳与同人在明斯克街头。左起：吴石坚、赵晓岚、齐英才、周信芳、王金璐、李玉茹、陶雄、张森林

下图 ｜ 周信芳（右三）与白俄罗斯文化部门领导（右二）拥抱

上图 ｜ 周信芳（右五）与熊志麟（右二）等青年演员在明斯克街头
下图 ｜ 周信芳（前排右二）与伊兵（前排左二）、吴石坚（前排左一）在明斯克演出闭幕式上

白俄罗斯·戈梅利

上图 | 周信芳（右一）参观戈梅利市康拜因农业机械制造厂
下图 | 周信芳（中）在戈梅利街头

周信芳（舞台中间者）出席戈梅利演出闭幕式

乌克兰·基辅

上图 | 周信芳（中）在基辅车站讲话
下图 | 周信芳（左四）、李玉茹（左二）、刘斌昆（左七）、张美娟（左一）与基辅文化艺术界友人合影

周信芳（前右）在基辅车站与苏联友人告别

从苏联回国后，周信芳分享了自己这次访问的思考："两个月的访苏演出，是我舞台生活中的一件大事。当苏联艺术家和我握手言欢，以热情洋溢的语调称赞中国戏曲艺术的成就时，我内心的第一个反应就是：作为一个中国的戏曲演员，在今天，比在过去任何时候，责任都更大得多。祖国的戏曲艺术确实是浩如烟海，邈如远山，深如重洋。但我们究竟了解和掌握了多少？我们必须加速继承和发扬戏曲艺术的渊博精深的优秀传统，我们必须以最大的热情和毅力对戏曲艺术进行系统的研究和整理，我们应该有中国戏曲艺术的'斯坦尼斯拉夫斯基体系'。"（周信芳：《十年来的舞台生活》，载《周信芳戏剧散论》，中国戏剧出版社1960年版，第30页）

1957年8月，被称为"印度梅兰芳"的舞蹈家乌黛·香卡（左二）来访，与周信芳（左三）会见

1957年9月，苏联国立新西伯利亚歌剧芭蕾舞剧院访华演出，到访上海京剧院，周信芳、李玉茹、王金璐等在中苏友好大厦为访客演出了《古城会》和《双射雁》。

上图 ｜ 周信芳（前排左二）等与苏联朋友在一起
下图 ｜ 周信芳（左五）等为苏联朋友演出《古城会》后谢幕

上图 | 1957年，周信芳（左二）接待越南文化考察团
下图 | 1957年，周信芳（右）接待来访的捷克斯洛伐克民族学家

1960年10月，周信芳（右）与李玉茹（中）接待巴西桑巴乐团访问团成员

1961年2月，周信芳（左一）接待古巴芭蕾舞团来访成员

1961年2月，周信芳（前排中）、李玉茹（前排左三）等与古巴芭蕾舞团成员在一起

上图 | 1961年6月，阿尔巴尼亚国家民间歌舞团到访上海京剧院，受到周信芳（前排左三）的热情接待
下图 | 1961年9月，周信芳（前排左六）接待埃塞俄比亚文化代表团

声遍九州

　　周信芳一生坚持为民而歌，麒派艺术深受人民群众的喜爱，剧场中经常出现台下跟着台上的周信芳轻轻哼唱的动人场景，麒派被认为是一个与观众"共呼吸"的流派。

　　周信芳对于戏曲最初的记忆是关于随着父母在杭、嘉、湖一带水路班子四处演出的，从小他就浸润在天南海北各类剧种的锣鼓声中，他喜爱民间戏曲的"朴实可爱"，他也强调京剧不能固步自封，要向兄弟剧种学习。他曾在文章中谈道："任何剧种，凡是它对兄弟剧种的优长，保有最大限度的吸收能力的，它就能一日千里，永无止境地向前发展，趋于至善。"周信芳的艺术离不开兄弟剧种的滋养，麒派表演艺术也影响了许多戏曲剧种乃至其他门类艺术的艺术家。

1958年，周信芳在演出后谢幕

新中国成立后，周信芳满怀热情地投入新中国文化事业的建设中，在积极参加戏曲改革、整理艺术经验、培养青年人才的同时，他也在坚持把自己的演出送到更多的地方，为更多人演唱。

在《十年来的舞台生活》中，周信芳说："我们的足迹遍历中南、西南、西北、华北七个省的十一个城市。我们看到了更多的古老剧种的优秀艺术。""通过在巡回演出中一连串的接触交往，使我永志难忘的第一件事是：人与人的关系彻底改变了。我不愿意去回想旧社会里人与人的那种冷酷无情的关系，但我必须指出：像现在这样路隔万座山、一见面就亲如同胞手足的现象，却是解放前我'跑码头'的时候从来没有遇见过的。人们尊称我为老艺术家，到处邀我看戏，开座谈会，到处是热情的笑脸。"（周信芳：《十年来的舞台生活》，载《周信芳戏剧散论》，中国戏剧出版社1960年版，第28页）

1958年1月起，周信芳率团赴中南、西南、西北、华北7个省11个城市巡回演出。他虽然年事已高，但多个月里每到一处，他都热情地走工厂、下乡村，为老百姓们演出。他走访当地戏曲学校，给学戏的孩子们作报告，还观看各地地方剧种的演出，与当地演员交流艺术。

江西·上饶

1958年1月11日，上饶市人民委员会在大礼堂开欢迎会，周信芳（站立者）在会上作答谢

1958年1月14日，周信芳（二排左三）在上饶工人俱乐部与上饶各剧团成员和文艺干部交流后合影

江西·抚州

上图 ｜ 1958年1月20日，周信芳（左三）到抚州临川，拜谒汤显祖墓
下图 ｜ 1958年1月20日，周信芳（中）与采茶戏演员、京剧演员交流

江西·南昌

1958年1月21日,李玉茹、孙正阳、黄正勤有出国任务,离赣回沪。张南云与熊志麟来替。午饭后合影。一排:孙正阳;二排左起:李玉茹、张南云;三排左起:许俊、周信芳、熊志麟;后排左起:黄正勤、黎秋觉、袁杏宝、黎冬荣、佚名、吕仲

1958年1月23日，周信芳赴新建望城岗，在大礼堂一晚演出两场，第一场为农民演出《打严嵩》，第二场为步兵学校演出《徐策跑城》。观众半坐半站，两场共五千人观看

扫码欣赏
《徐策跑城》唱段

周信芳（前排左二）与南昌赣剧演员潘凤霞（前排左一），采茶戏演员邓小兰（后排左一）、朱莲芳（前排右一），越剧演员筱牡丹（前排右二）等合影

江西·九江

上图 | 1958年1月29日，周信芳（左二）演出《萧何月下追韩信》后谢幕
下图 | 1958年1月30日，周信芳（站立者）为青年演员作报告，由白居易《琵琶行》词句，结合表演、情景、音乐等进行讲解

湖北·黄石

周信芳 画传

上图 | 1958年2月7日，周信芳农历生日，在住所聚餐。前排左起：马世啸、奚玉凤、王文军、张南云、汪志奎、马小龙；后排左起：金素雯、许俊、刘斌昆、周信芳、萧德寅

下图 | 1958年2月13日，周信芳（左一）参观铁山矿区

湖北·武汉

上图 | 1958年2月17日，共度除夕。
前排左起：许俊、张南云、周信芳、
刘斌昆、迟世恭、萧德寅
下图 | 周信芳在武汉

上图 | 1958年2月22日，周信芳（左二）与许俊（右一）及导览员在武汉长江大桥前留影
下图 | 1958年2月22日，周信芳（左三）登龟山拜谒鲁肃墓

1958年3月1日，周信芳（中）在武汉江汉饭店，与金素雯（左四）、张南云（左一）、迟世恭（右一）、汉剧演员陈伯华（左二）合影

上图 | 1958年3月5日,周信芳为裘丽琳(左三)抵达武汉接风
中图 | 1958年3月6日,周信芳与高百岁(左)在东湖行吟阁屈原像前留影
下图 | 1958年3月8日,周信芳(右)参观青山工程,广播讲话并唱了一段《萧何月下追韩信》

湖北·宜昌

上图 | 1958年3月13日，周信芳（前）途经宜昌，在当地京剧团剧场演出《徐策跑城》
下图 | 1958年3月14日，周信芳与迟世恭（左）观看三峡景观

四川·重庆

上图 | 1958年3月17日，周信芳（前排右一）参观重庆市人民大礼堂
下图 | 周信芳（中）巡演劳顿，血压偏高，咳嗽不止。1958年3月22日，医生为其看诊

周信芳在重庆解放军剧院的演出广告

1958年3月29日，周信芳在海棠溪北岸

上图 | 1958年3月29日，周信芳游览南温泉，在仙女古洞留影
下图 | 1958年3月29日，周信芳（左二）游览途中与厉慧兰（左三）聊《群英会》

上图 | 1958年3月30日，周信芳（前排左四）与重庆解放军剧院职员合影
下图 | 周信芳在重庆电台广播向市民告别

四川·成都

上图 | 1958年4月7日，周信芳到达成都后首场演出，在开演前致辞
下图 | 《萧何月下追韩信》，周信芳饰萧何，刘少春（右）饰韩信

扫码欣赏
《萧何月下追韩信》
唱段

1958年4月7日，周信芳在成都四川军区影剧院演出《萧何月下追韩信》前扮戏

上图 | 1958年4月10日，周信芳游览吟诗楼，观薛涛井
下图 | 周信芳在四川军区影剧院演出的广告

上图 | 1958年4月16日，周信芳（前）与京剧团、川剧团同人座谈
下图 | 1958年4月27日，宝成铁路上，周信芳（前）在秦岭车站留影

甘肃·兰州

1958年5月3日，周信芳巡演至兰州，与尚小云（左）欢晤

周信芳在兰州白塔山留影

1958年5月18日，周信芳与裘丽琳（右）在雁滩

陕西·宝鸡

上图 ｜ 1958年5月21日，周信芳（手持稿者）在宝鸡欢迎会上致答词，随后演出《萧何月下追韩信》
下图 ｜ 1958年5月22日，周信芳（右）参观宝鸡市历史文物陈列室

陕西·西安

上图 | 1958年5月27日，西安戏曲界在三意社剧场举行欢迎会，周信芳（前排左三）观看了渭南新民剧团余巧云的《斩秦英》、三意社赵晓岚的《卖水》、易俗社宋上华的《杀狗劝妻》、三意社苏育民的《激友·回店》及易俗社刘毓中的《卖画劈门》

下图 | 1958年5月30日，周信芳（前）参观西安碑林博物馆，观赏颜勤礼碑

上图 | 1958年5月30日晚,周信芳在西安五四剧院演出《打严嵩》《徐策跑城》双出。图为《打严嵩》剧照,周信芳饰邹应龙,汪志奎(左)饰严嵩

下图 | 1958年5月31日,周信芳与易俗社演员座谈后合影。一排左起:杨天易、刘毓中、周信芳、王天民;二排左起:杨令俗、赵桂兰、宁秀云;三排左起:伍敏中、宋上华

上图 | 1958年5月31日晚，上海京剧院在西安五四剧院演出《群英会·借东风·华容道》。周信芳（前中）后饰关羽，前饰鲁肃，陆振声（前左）饰关平，萧德寅（前右）饰周仓

下图 | 演出后，陕西戏曲界同人上台给周信芳（中）等献花

1958年6月2日，周信芳（中）观看陕西省戏曲剧院三团演出碗碗腔《崔护借水》和眉户戏《刺目》后，上台与李瑞芳（右四）、王斌（右五）等合影

1958年6月5日，周信芳（右四）在西安城东，与农民交谈

1958年6月5日，周信芳（二排右十）到访陕西省戏曲学校，与徐碧云（二排右八）等师生合影

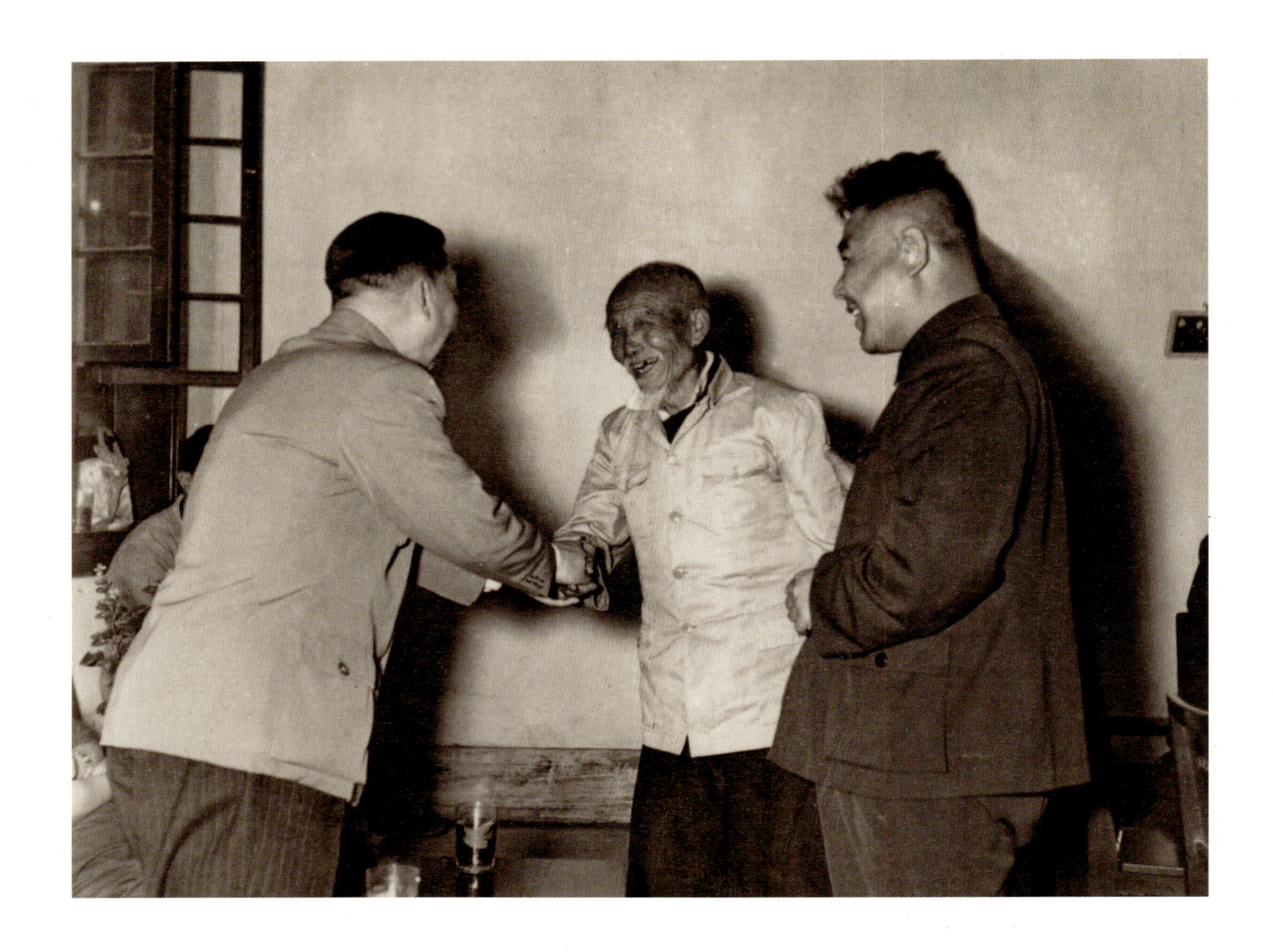

上图 | 周信芳（左）与陕西省戏曲学校教员同州梆子老艺人王谋儿（中）握手

下图 | 1958年6月6日，周信芳（右二）与三意社演员苏育民（右一）、赵晓岚（左一）座谈

周信芳 画传

上图｜1958年6月6日晚，周信芳（中）在西安五四剧院演出《斩经堂》后谢幕

下图｜1958年6月7日，周信芳（左九）、裘丽琳（左八）到访陕西省戏曲剧院，与秦腔编剧袁多寿（左二）、封至模（左四）等合影

周信芳画传 | 511

1958年6月7日晚，在西安五四剧院演出《清风亭》，周信芳饰张元秀，刘斌昆（左）饰贺氏

1958年6月8日，周信芳在常宁宫会见诗人柯仲平（左）

1958年6月10日，周信芳（中）赴鄠县（今鄠邑区）工区演出，受到职工和居民们夹道欢迎

周信芳 画传

1958年6月11日，在鄠县工区演出《乌龙院》，周信芳饰宋江，张南云（左）饰阎惜姣

上图 | 1958年6月12日，周信芳游览大雁塔
下图 | 1958年6月12日，周信芳在五典坡寒窑留影

上图 | 1958年6月13日，周信芳在灞桥留影
下图 | 1958年6月14日，周信芳在骡马市小剧场为话剧、秦腔、京剧、晋剧、蒲剧同人作报告

1958年6月16日，周信芳在顺陵

山西·太原

上图 | 1958年6月20日，周信芳（前排右二）在太原长风剧场观看晋剧演员郭凤英（前排左一）《凤仪亭·小宴》，丁果仙（前排左二）、牛桂英（前排右一）《走雪山》后合影

下图 | 1958年6月21日，周信芳与专程来太原观看演出的蒲剧演员张庆奎（右）合影

1958年6月24日，周信芳（右二）在蒲剧团宿舍排演新编版《单刀赴会》，此戏专为纪念关汉卿戏剧创作七百周年所排，剧本是巡演路上写就的

上图 | 1958年6月25日，周信芳（左二）参观晋祠傅山古柏题词石刻
下图 | 1958年6月26日，周信芳（二排中）观看太原市戏剧学校学生演出后上台合影

上图 | 1958年6月28日，周信芳在太原长风剧场的关汉卿戏剧创作七百周年纪念会上讲话
下图 | 1958年6月29日，周信芳（前右）与晋剧演员丁果仙（前左）合影

上图 ｜ 1958年7月4日，新版《单刀赴会》在太原长风剧场首演以纪念关汉卿戏剧创作七百周年，周信芳（前右）饰关羽，萧德寅（前左）饰周仓

下图 ｜ 1958年7月6日，周信芳（前排右一）离开太原，戏校学生等来车站送行

河北·石家庄

上图 | 1958年7月7日，周信芳（左二）与评剧演员喜彩莲（左一）等合影
中图 | 1958年7月12日，周信芳（左三）观看戏校学生演出丝弦戏，结束后上台献花
下图 | 1958年7月12日，周信芳（中）演出《清风亭》后谢幕

周信芳在六十余年的演艺生涯中，在舞台上留下了许多传世经典，在剧场外也有艺术家宝藏留存。他在不同年代灌录的唱片至今余响不绝；他多年笔耕不辍，写就了百余篇文章及百余部剧本，并将他的戏剧观熔铸其间；他爱好读书写字，笔墨丹青独具风格。从这些实物中，我们可以触碰到一个更加鲜活的周信芳。

周信芳演关羽戏时所用团龙蟒

周信芳所用箭衣

周信芳作《寒鸟迎春图》（路增远提供）

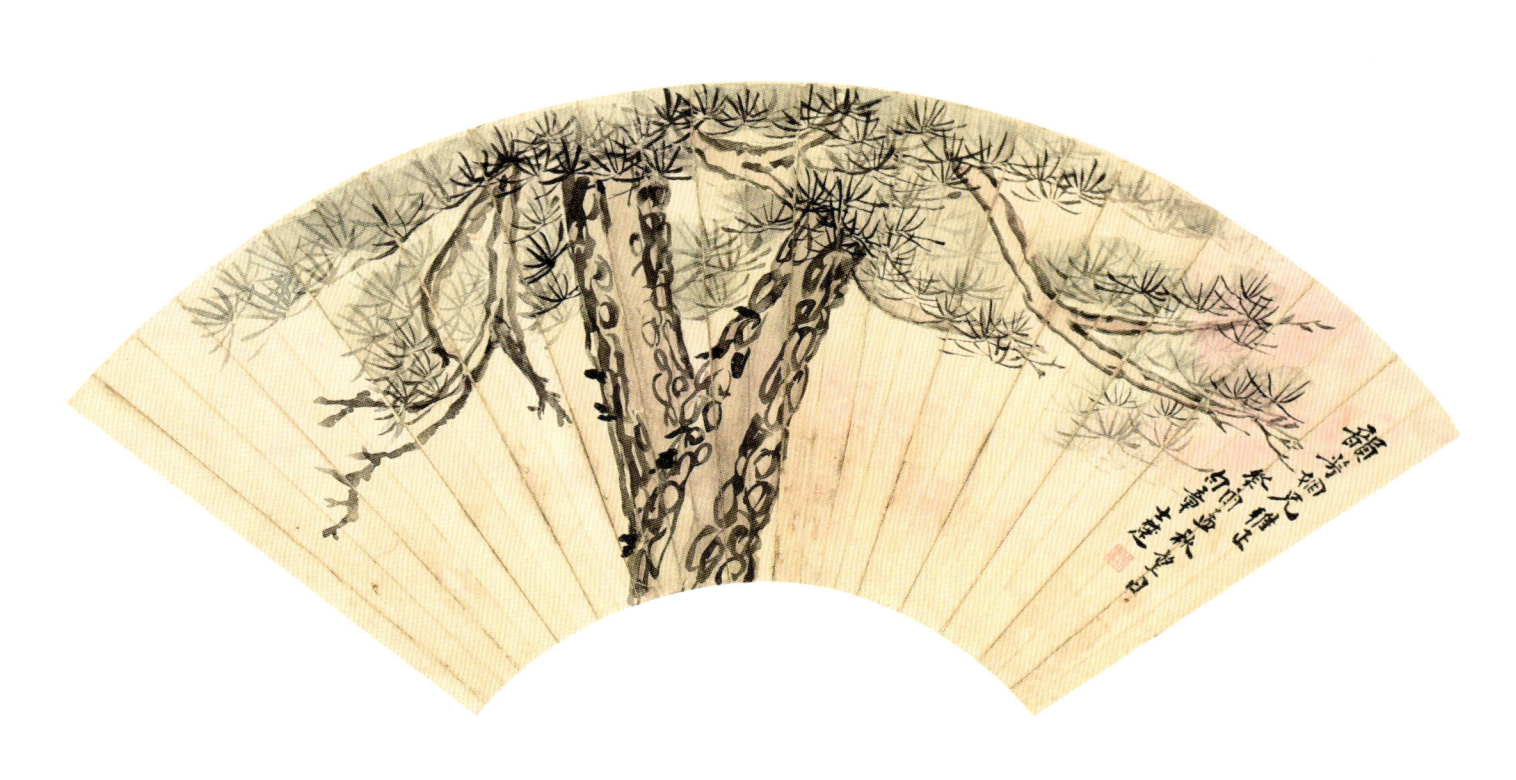

周信芳赠刘韵芳弓画扇面（路增远提供）

周信芳、梅兰芳、马连良、姜妙香合作扇面（路增远提供）

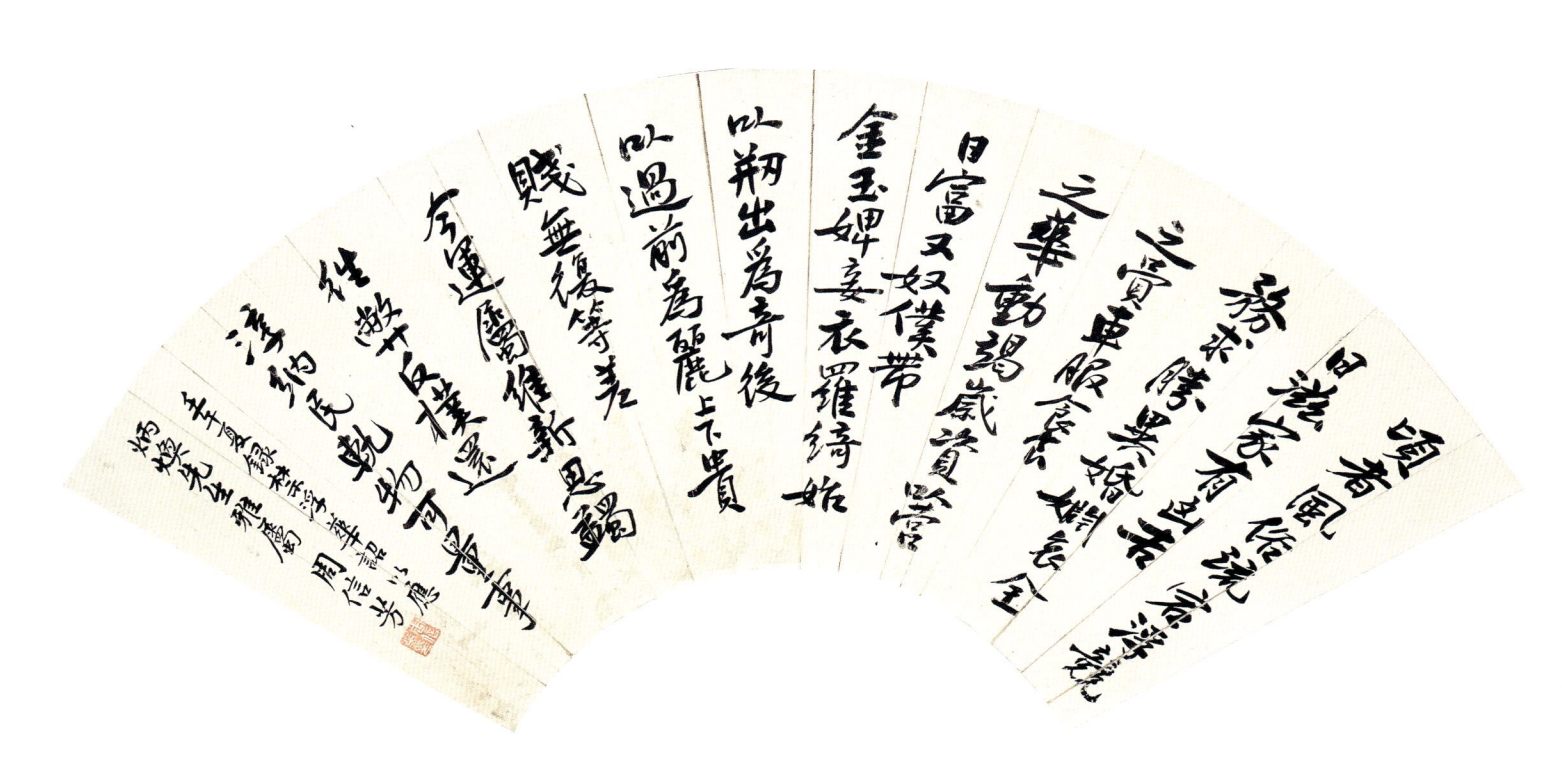

周信芳录北齐文宣帝《禁浮华诏》扇面赠友人（路增远提供）

1911年，周信芳的《徐策跑城》手稿

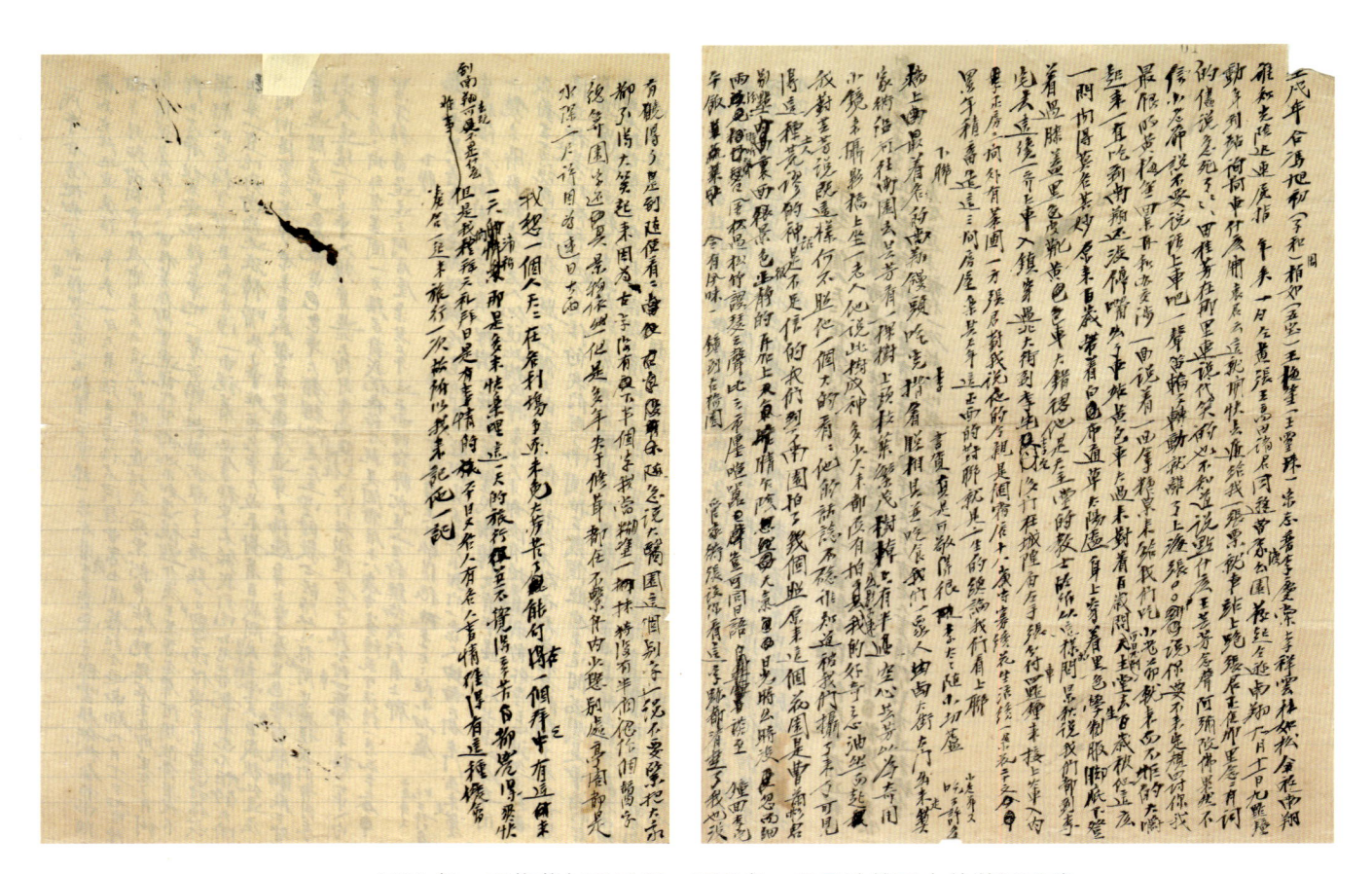

1922年，周信芳与冯子和、周五宝、王灵珠等同人的游记手稿

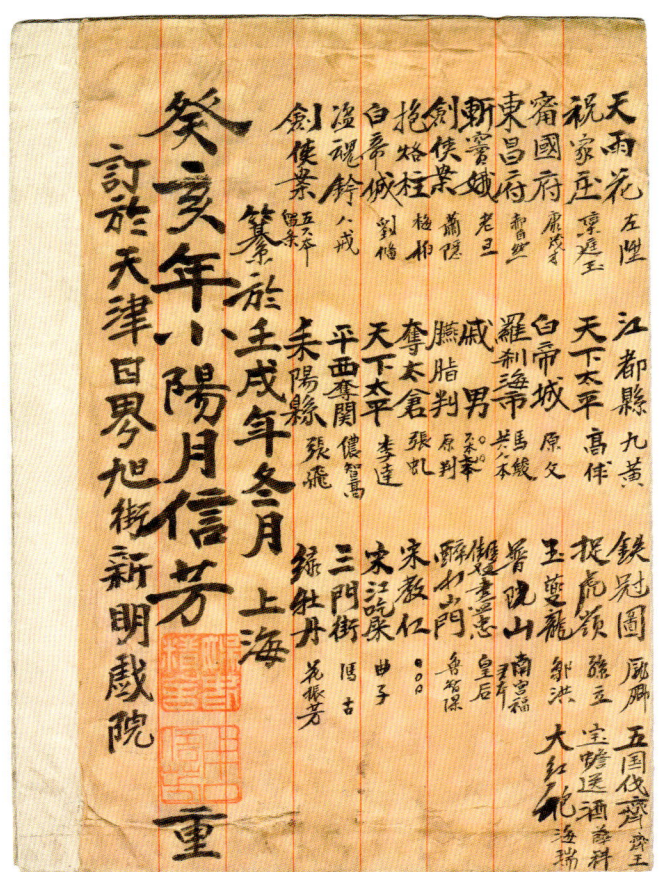

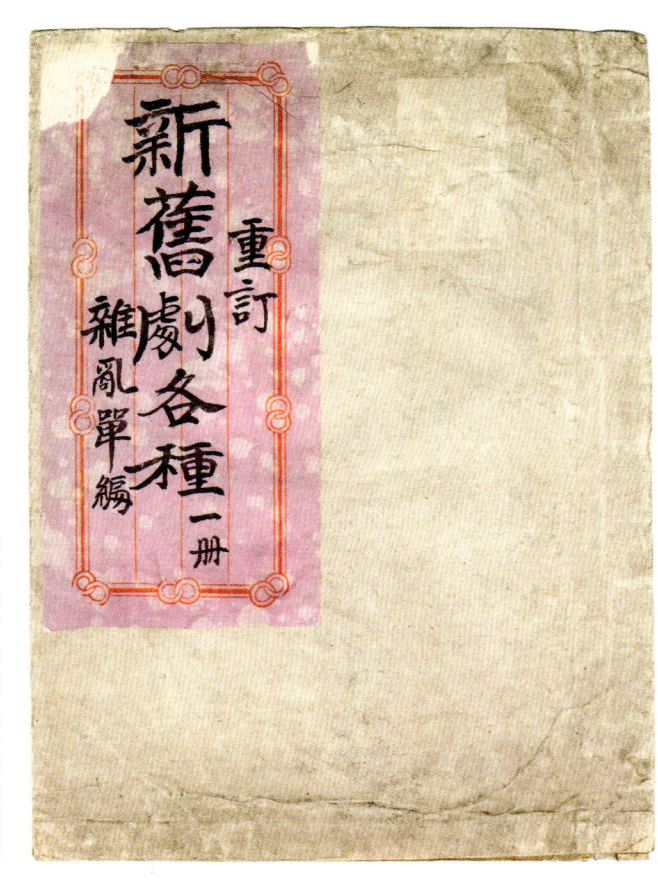

1923年，周信芳重订的《新旧剧各种》合订本

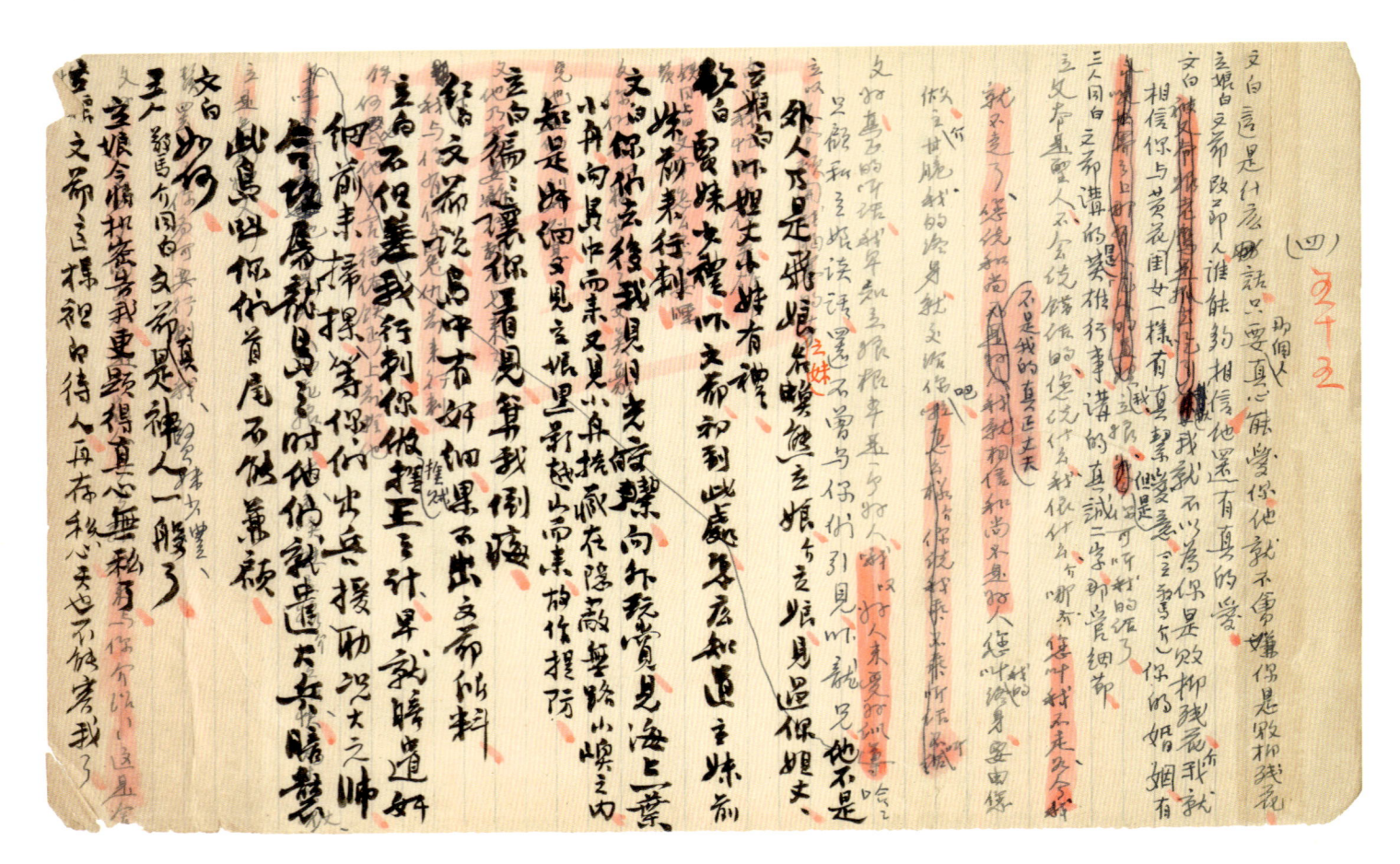

1941年，周信芳的《文素臣》七本手稿

1930年，蓓开公司为周信芳、潘雪艳灌制的《投军别窑》唱片

1930年，蓓开公司为周信芳、周五宝灌制的《赵五娘》唱片

1936 年，高亭公司为周信芳、金少山灌制的《华容道》唱片

1936 年，高亭公司为周信芳灌制的《徐策跑城》唱片

1936 年，蓓开公司为周信芳灌制的《明末遗恨》唱片

1954 年，中唱公司为周信芳发行的《四进士》唱片

1959 年，中国唱片公司为周信芳发行的《萧何月下追韩信》唱片

1960 年，中国唱片公司为周信芳、黄正勤、孙正阳发行的《义责王魁》唱片

1960 年，中国唱片公司为周信芳、李玉茹发行的《投军别窑》唱片

1979 年，中国唱片公司为周信芳、黄正勤、孙正阳发行的《义责王魁》唱片

1982 年，中国唱片公司为周信芳发行的《中国戏曲艺术家唱腔选·周信芳》唱片

1983 年，中国唱片公司为梅兰芳、周信芳发行的《二堂舍子》唱片

20世纪30年代后期出版的各类周信芳演出剧本

1955 年，艺术出版社出版的《周信芳演出剧本选集》
1960 年，中国戏剧出版社出版的《周信芳戏剧散论》

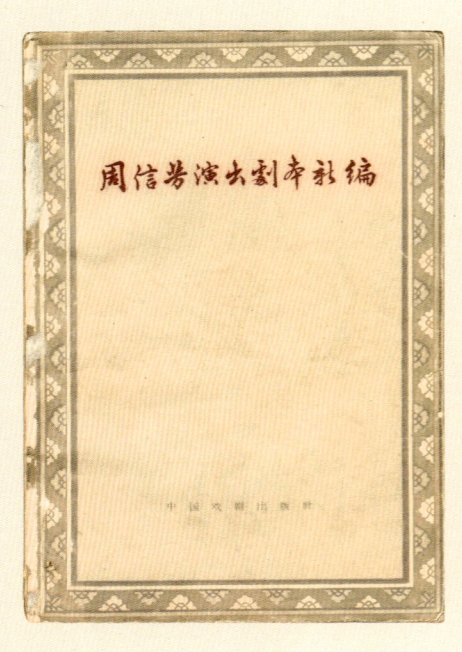

1960 年，中国戏剧出版社出版的《周信芳演出剧本新编》
1961 年，中国戏剧出版社出版的《周信芳舞台艺术》

1982 年，中国戏剧出版社出版的《周信芳文集》
1982 年，中国戏剧出版社出版的《周信芳艺术评论集》

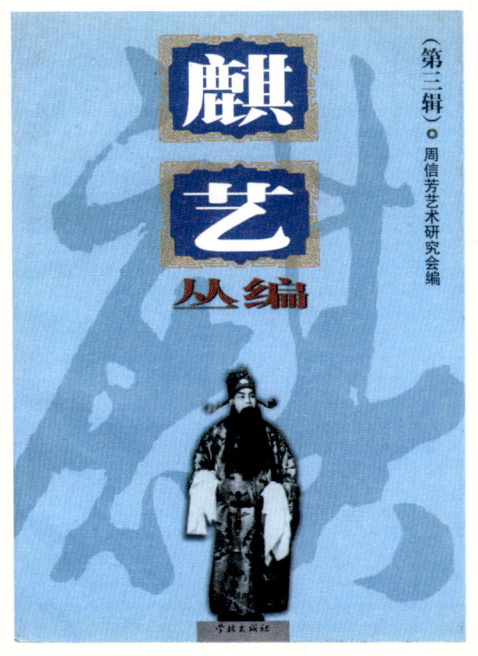

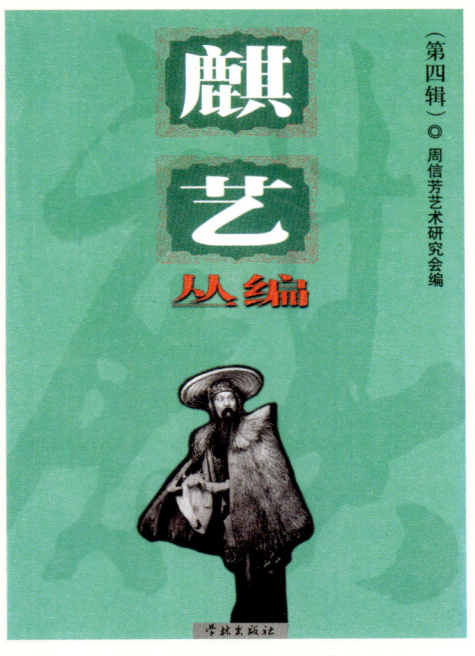

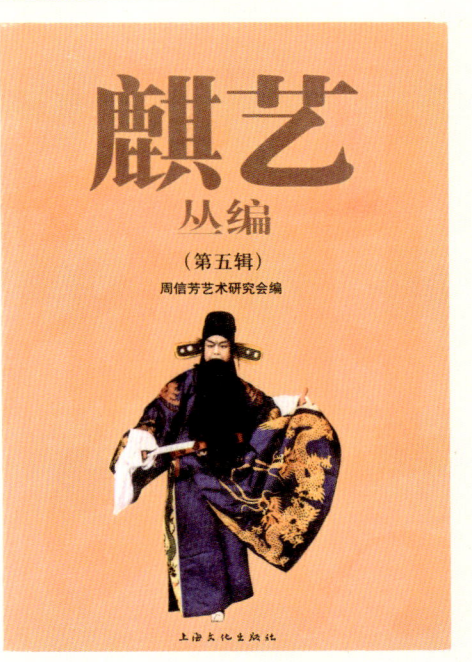

1998年至2005年，学林出版社、上海文化出版社出版的《麒艺丛编》
第一至五辑

2014年至2019年，上海文化出版社出版的《周信芳全集》，共24卷，包括"剧本""文论""曲谱""演剧广告""佚文""图像"六个部分，收录了周信芳一生的文化遗存

1956年，周信芳在列宁格勒留影

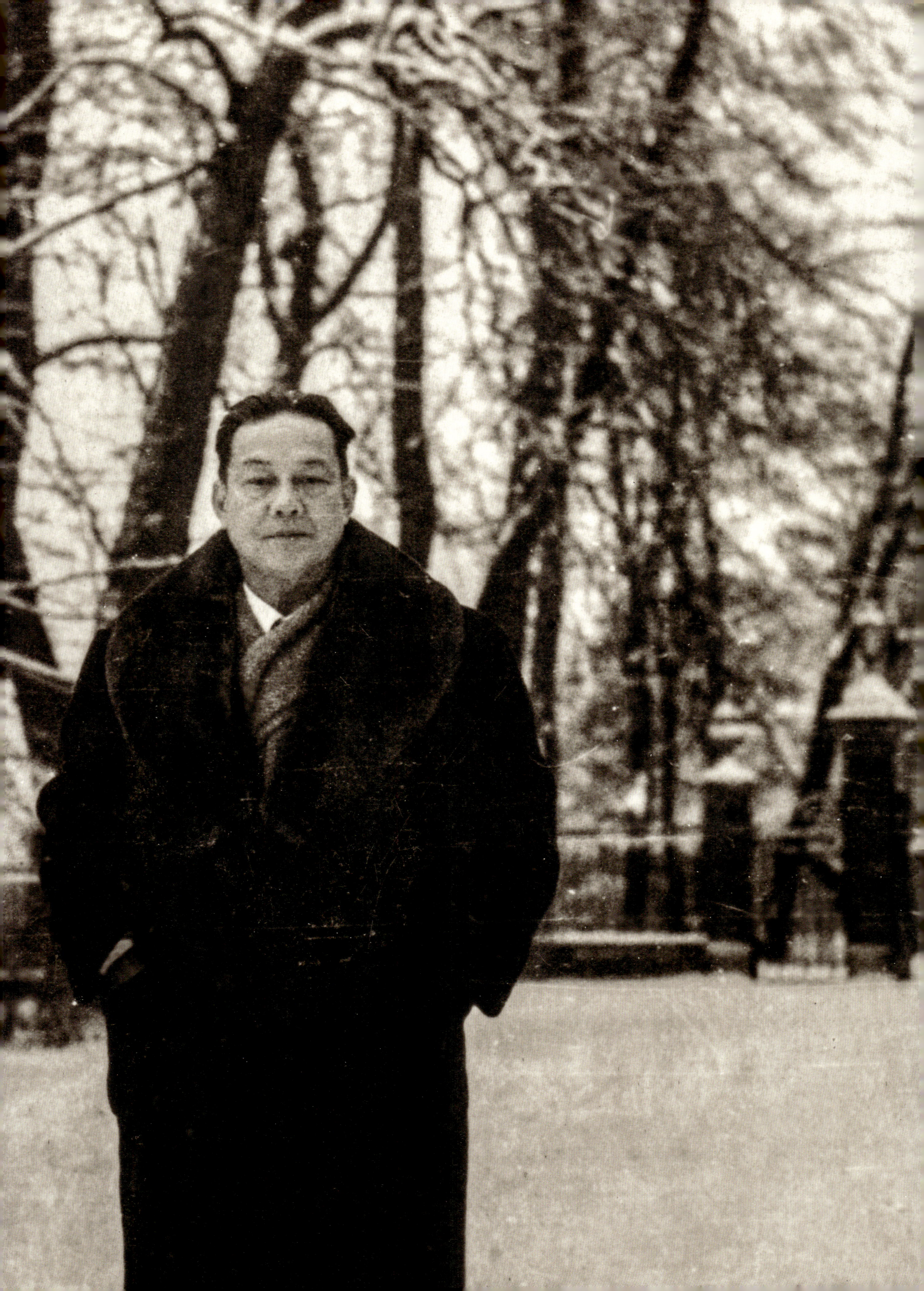

叁

周信芳年谱

周信芳年谱

沈鸿鑫　编订

1895年（清光绪二十年甲午 — 清光绪二十一年乙未），出生

周信芳祖籍浙江宁波慈城（旧属慈溪），1月14日出生于江苏清江浦南门虹桥头（今属淮安市），取名士楚，字信芳。先祖不乏入仕途者，有人官至监察御史，故而老百姓称其故居地为"周御史坊"。曾祖父周亦溪曾任县学教谕。后周家家道中落。父亲周慰堂，曾在慈溪一家布店当伙计，因迷恋京戏，下海入春仙班，演旦角，艺名金琴仙。母亲许桂仙，为春仙班京剧艺人。周慰堂下海唱戏，在周氏宗族中引起震动，他因"操此贱业"而被逐出祠堂。

1896—1899年（清光绪二十二年丙申 — 清光绪二十五年己亥），1—4岁

周信芳随父母的戏班漂泊江湖。

1900年（清光绪二十六年庚子），5岁

周信芳随父周慰堂旅居杭州，在私塾读书，并开始练功学戏。

本年，周信芳拜知名艺人陈长兴为师，开蒙戏为《黄金台》，还学了《一捧雪》《庆顶珠》等戏。不久，又从著名艺人王玉芳学老生。

1901年（清光绪二十七年辛丑），6岁

周信芳在杭州拱宸桥天仙茶园首次登台，以"小童串"名义露演《黄金台》中的田法章，其时虚龄7岁，遂取艺名"七龄童"。

本年，著名做派老生小孟七（孟鸿荣）在杭州贴演《铁莲花》，周信芳配演戏中的娃娃生定生，博得满堂彩声。

1902—1904年（清光绪二十八年壬寅 — 清光绪三十年甲辰），7—9岁

周信芳一边学戏练功，一边以儿童演员身份出入各戏园，为名角配演娃娃生，演出剧目有《桑园寄子》等。

著名红生王鸿寿在杭州组建蓉华班演出，特邀周信芳加入，与著名昆旦周凤林合演《杀子报》，周信芳扮演稚子，王鸿寿扮演知县。凡周信芳下场，王鸿寿总是把自己穿的老羊皮短袄披在周信芳身上，拥之入座，为其取暖。在此期间，周信芳还与"赛活猴"郑长泰同台。

1905年（清光绪三十一年乙巳），10岁

周信芳随父送业师陈长兴去天津途经上海时，受邀参加王鸿寿筹组的满春班，以包银六十元前往汉口、芜湖等地演出，仍以娃娃生配演，剧目有《杀子报》《桑园寄子》《朱砂痣》等。

周信芳开始以"七灵童"艺名演正戏。随后，王鸿寿又把周信芳带至上海，加入玉仙茶园，与孙菊仙、林颦卿、李春利等名角同台，第一天打炮戏，以《翠屏山》演大轴，这是周信芳首次在上海露演，曾改艺名为"万年青"。

周信芳后又加入李春来的班底，在上海一些茶园演出，演配角戏或垫戏，剧目有《蝴蝶梦》《九更天》《胭脂虎》等，再改艺名为"时运奎"。走苏州、镇江、芜湖各埠。途中寻师访友，向前辈刘双全学《凤鸣关》《定军山》等靠把戏，向潘连奎学《六部大审》《盗宗卷》等道白戏。

1906年（清光绪三十二年丙午），11岁

1月6日，周信芳以"麒麟童"艺名在上海春仙茶园演出《打渔杀家》。"麒麟童"艺名首次见诸是日《申报》的演出广告。

周信芳后又去南京演出，拜南派名角李春来为师。秋天，周信芳远走烟台、天津，在天津与余叔岩同台。

1907年（清光绪三十三年丁未），12岁

周信芳下半年到北京，为进一步深造，加入喜连成科班，与梅兰芳、林树森、贯大元等一同搭班学艺，老师有叶春善、萧长华等。他一边学戏，一边与科班同学共同在广和楼演出，其三天打炮戏为《翠屏山》《定军山》《戏迷传》，一炮而红。周信芳包银月计四百五十元。与梅兰芳合作演出《九更天》《战蒲关》。与萧长华合演《钓金龟》时，周反串老旦，萧配演张义。

在广和楼演出时，周信芳曾赶往煤市街中和园观摩谭鑫培的《铁莲花》。

1908年（清光绪三十四年戊申），13岁

周信芳继续在喜连成科班搭班学艺。

11月14日、15日，光绪帝和慈禧太后相继去世，清廷规定国丧期间不许动乐，周信芳遂脱离喜连成科班。

1909年（清宣统元年己酉），14岁

8月，周信芳搭忠和班到天津东天仙茶园演出。同台的有南派名角吕月樵、苏廷奎、高福安和著名坤伶金月梅等，周参加了新编戏如《好心感动天和地》《二县令》等的演出。

周信芳随金月梅改搭京都双庆和班，在天津兴华茶园演出《巧奇冤》等剧。

本年冬，周信芳在天津倒嗓。

1910年（清宣统二年庚戌），15岁

周信芳嗓子日趋稳定，渐次恢复，先后到天津、北京、烟台演出，与杨瑞亭排演《黑驴告状》，与张桂林排演新戏。

周信芳在天津观摩谭鑫培的《打棍出箱》《李陵碑》。

本年，周信芳收程毓章为大弟子，初为人师。

1911年（清宣统三年辛亥），16岁

周信芳远赴海参崴、双城子一带演出，剧目有《杀府》《梅龙镇》等。

1912年（民国元年壬子），17岁

周信芳回到上海，3月，入四盏灯（周咏棠）主办的迎贵仙园，挂头牌，打炮戏为《南天门》《独木关》《群英会》。

周信芳应黄楚九之邀入上海新新舞台，与谭鑫培、李吉瑞、孙菊仙、金秀山、冯子和、江梦花等名角同台演出，深受熏陶。

6月至7月，周信芳在新新舞台演出《要离断臂刺庆忌》《九美缘》等，反响强烈，报纸多有评论，6月19日《申报》刊登健儿的戏评说"《要离断臂》，新新舞台新编之历史好戏也……麒麟童之要离处处以神气胜人，做工不弱于潘月樵……"，对其表演给予好评。

8月，以宁波老三绣昆班为班底的四明文吉祥班在上海演出，周信芳随师父李春来前去观看。

9月，周信芳受进步艺人潘月樵、汪笑侬等人的影响，演出宣传革命、谴责袁世凯的时装新戏《民国花》，合演者有林颦卿、一盏灯等。

11月，周信芳又与一盏灯、林颦卿、赵君玉等合演讽刺袁世凯的《新三国》。

周信芳认真向谭鑫培学戏，学习其演剧思想和表演艺术。谭鑫培向周信芳教授了《御碑亭》《桑园寄子》《打棍出箱》《打侄上坟》等戏，使周信芳终身受益。

本年，周信芳与京剧名旦九仙旦（刘祥云）之女刘凤娇结婚。

1913年（民国二年癸丑），18岁

3月，革命党人宋教仁被刺。为揭露袁世凯的罪恶行径，周信芳毅然编演时装新戏《宋教仁遇害》（由孙玉声编剧），3月28日在上海新新舞台演出，引起强烈反响。3月30日，《申报》发表玄郎的文章《纪廿八夜之新新舞台》称，当日演出观众蜂拥，人满为患，"麒麟童饰宋先生，语言稳重，体态静穆，尚称职。'永诀'一场，做工既妙肖，发言又呜咽，座客多叹息伤悲，甚至有泣下沾襟者"。

本年4月4日，周信芳长子周丕承出生。

1914年（民国三年甲寅），19岁

春，周信芳自组四喜班，去海参崴演出，与李琴仙、王金元等合演《投军别窑》《长坂坡·汉津口》等，初次试唱王鸿寿的红生戏。

5月，周信芳回上海，入迎仙凤舞台，演出《投军别窑》等，合演者有孟鸿群、苗胜春、陆菊芬等。

年末，周信芳再次北上烟台，在德桂茶园初演《路遥知马力》。

1915年（民国四年乙卯），20岁

5月，周信芳应尤鸿卿之邀，进上海丹桂第一台，同台演出的有王鸿寿、冯子和等。周信芳初次演出汪笑侬编剧的作品《张松献地图》《马前泼水》《受禅台》等。周信芳认真学习汪笑侬的表演艺术，融化、吸收汪派唱腔的长处，也深受其艺术改革思想影响。在合作过程中，周信芳适度进行艺术改革，如创造了改良靠等。

王鸿寿经常为周信芳的演出把场，并悉心教授他名剧多出，如《扫松》《徐策跑城》《薛刚闹花灯》《洞庭湖》《斩经堂》等。周信芳还学到了王鸿寿的《走麦城》《华容道》等红生戏（关羽戏）。王鸿寿豪放、强烈的做派也对周信芳有深刻的影响。

10月13日，周信芳在丹桂第一台演出新编的《篡位大汉奸》以谴责袁世凯称帝的狼子野心，在报纸的演出广告上鲜明地痛骂王莽为汉奸篡位。此剧由周信芳与冯子和等集体创作，周信芳饰演王莽，参加演出的还有冯子和、马德成、冯志奎等。

本年5月，周信芳女儿周采蘩出生。

1916年（民国五年丙辰），21岁

1月，周信芳与欧阳予倩在上海丹桂第一台合演红楼戏，1月19日首次演出《鸳鸯剑》，合演者还有冯子和、李少棠等。

4月，周信芳编演《杨乃武》，合演者有月月红、李庆棠、宋志普等。

5月17日，周信芳与欧阳予倩在丹桂第一台演出新戏《黛玉葬花》，与梅兰芳演出本不同，该本由欧阳予倩、杨尘因、张冥飞编剧，欧阳予倩饰黛玉，周信芳饰宝玉，宋志普饰紫鹃。周信芳与欧阳予倩还合演了《晚霞》（聊斋戏）以及《家庭恩怨记》《赛金花》等，周信芳以大嗓唱小生。欧阳予倩是中国话剧运动的先驱，周信芳深受他的新思想、新理念的影响。

9月，周信芳在丹桂第一台演出新戏《英雄血泪图》，写林冲故事，合演者有王鸿寿、芙蓉草、王兰芳、冯志奎等。

周信芳与欧阳予倩合演了《昏皇鉴》，与《篡位大汉奸》一样，内容也为讽刺袁世凯称帝事。

本年，周信芳担任丹桂第一台后台经理，收高百岁为徒。

本年5月，周信芳女儿周采蘋出生。

1917年（民国六年丁巳），22岁

4月，周信芳仍在丹桂第一台演出，首演新戏《麦城升天》头本，还曾与汪笑侬、王鸿寿等合演《哭祖庙》《党人碑》《玉洁冰清》《许田射鹿》等剧目。

1918年（民国七年戊午），23岁

8月，周信芳随父回宁波，拟入显宗祠祭祖，后因故无果。

10月27日，汪笑侬病逝于上海，周信芳等集资筹办丧事，将之葬于真如梨园公墓。

本年，周信芳继续在上海丹桂第一台演出，全年排演新戏二十余出，其中有《吕纯阳三戏白牡丹》《风流天子》等。

1919年（民国八年己未），24岁

2月，周信芳在上海丹桂第一台首演全本《赵五娘》（又名《琵琶记》），一至四本一次演完，合演者有王灵珠、贾璧云、李玉奎、罗小宝等。

5月4日，五四运动中北京学生游行，要求严惩卖国贼曹汝霖、陆宗舆、章宗祥。5月21日，周信芳在上海编演新戏《学拳打金刚》，与之呼应。该剧由任天知编剧并客串演出，其他合演者有王灵珠、苗胜春、王兰芳等。

7月，周信芳编演新戏《神怪剑侠案》，合演者有王灵珠、王金元等。

本年，著名旦角荀慧生首次来沪演出，人生地不熟，周信芳给以悉心帮助。

著名须生高庆奎来沪演出，周信芳给他提供自己修订过的《胭粉计》剧本，并与高庆奎合作演出，周信芳为配角，反串司马懿，1928年二人还合演了《苏秦张仪六国拜相》。

1920年（民国九年庚申），25岁

2月至3月，周信芳在丹桂第一台编演新戏《普陀山》等，合演者有王灵珠、王金元、王兰芳、李庆棠等。

5月，周信芳在上海丹桂第一台首演全本《乌龙院》，在"宋江闹院"和"坐楼杀惜"中间加入"刘唐下书"。周饰宋江，冯志奎饰刘唐。

5月中旬，上海商务印书馆电影部邀请梅兰芳、周信芳拍摄戏曲无声影片，梅兰芳拍摄了《春香闹学》及《天女散花》的片段，周信芳拍摄了《琵琶记》中《南浦送别》和《琴诉荷池》的片段，周饰蔡伯喈，王灵珠饰赵五娘，这是周首次接触电影，但该片未完成便终止了。

10月，余叔岩携王长林、鲍吉祥等首次来沪演出，周信芳与余叔岩合演《朱仙镇》《珠帘寨》。余大轴《群英会》，周在前垫演《御碑亭》；余大轴《奇冤报》，周在前垫演《四进士》。

1921年（民国十年辛酉），26岁

周信芳继续在上海丹桂第一台演出。

3月，周信芳演出《麦城升天》一至四本，开始在一、二、四本中饰演关羽，合演者有刘永奎等。

6月，周信芳新排时装戏《哈尔滨逆伦案》。

8月，周信芳与冯子和编演《柳爱环为国奸情记》。

12月6日至17日，农历冬至前，周信芳陪父亲回宁波慈城祭扫祖墓。

12月，周信芳内弟刘四立南下，周与之合演《千里独行侠》《大破栖梧山》《火烧飞龙岛》等剧目。

1922年（民国十一年壬戌），27岁

3月，周信芳编演明朝忠孝节义新戏《珠联香采缘》。

5月4日，周信芳编演的《萧何月下追韩信》在丹桂第一台首演，此剧为刘奎童初到上海露演而特地编写的打炮戏，由刘奎童饰萧何，周信芳饰韩信。

6月，周信芳与白玉昆、王灵珠等开始演出连台本戏《狸猫换太子》四至七本。

1923年（民国十二年癸亥），28岁

2月，周信芳脱离上海丹桂第一台，北上演出，在海轮上改编《临江驿》剧本。

3月，周信芳在烟台丹桂戏园与高百岁师徒两人合作演出，声势极盛，再次加工《萧何月下追韩信》，并参加义务戏演出。从此，周信芳自饰萧何。并去天津、大连等地演出。

周信芳在天津新明大戏院与碧云霞、时慧宝等同台演出，周信芳主演了《临江驿》、《红拂传》、《地藏王》（《疯僧扫秦》）。

本年，为配合和声援"二七"大罢工，周信芳编演了《陈胜吴广》。

1924年（民国十三年甲子），29岁

本年，周信芳赴北京演出，露演于北京第一舞台、开明戏院，同台者有盖叫天、林颦卿等。周信芳把有个人特色的《萧何月下追韩信》等剧目介绍给北京观众，引起很大反响。

为在北京立足，周信芳还集资开设新式旅馆美益饭店，但因用人不当，亏损万余，乃离京奔赴济南、大连演出。

1925年（民国十四年乙丑），30岁

1月，周信芳由北方回到上海，重进丹桂第一台，新戏《临江驿》在上海首演，周饰崔文远，王灵珠饰张翠鸾，高百岁饰张天觉，王培秋饰赵氏，赵云卿饰崔通。

2月26日，《申报》刊登新戏《汉刘邦统一灭秦楚》（简称《汉刘邦》）的广告，报纸京剧广告中罕见出现了"导演"的字样，说明此时周信芳已经为京剧排演引进了导演制。

3月14日，周信芳新编的连台本戏《汉刘邦》头本在丹桂第一台首演，周饰刘邦，王灵珠饰吕雉，高百岁饰张良。

5月，周信芳在丹桂第一台首演《汉刘邦》二本，周信芳饰刘邦，欧阳予倩加盟饰演薄姬，王灵珠饰吕雉，其他演员有高百岁、裴云亭等。

8月，周信芳回故乡宁波慈城，参与重建周家祠堂。是年腊月二十四，陪父亲回慈城，在乡半月，周氏全恩堂举行开堂仪式，上台献艺，其间特邀宁波新庆丰甬昆戏班去慈城演戏三天，剧目有《雁翎甲》《西川图》等。

8月下旬，周信芳在上海丹桂第一台首演《汉刘邦》三、四本，周信芳三本饰刘邦，四本反串净角项羽，欧阳予倩饰殷桃娘，高百岁分饰张良、刘邦。

10月，周信芳在丹桂第一台上演《汉刘邦》五、六本，五本周信芳饰韩信，欧阳予倩饰虞姬，王灵珠饰殷桃娘，高百岁饰项羽；六本周信芳饰刘邦，欧阳予倩饰虞姬，王灵珠饰殷桃娘，高百岁饰纪信。

11月，周信芳在丹桂第一台上演《汉刘邦》七、八本，七本周信芳饰刘邦，欧阳予倩饰王氏，王灵珠饰管秀芬，高百岁饰赵正平；八本周信芳饰张良，欧阳予倩饰虞姬，王灵珠饰殷桃娘，高百岁饰项羽。

本年，周信芳与裘丽琳相识，后相爱并结合。

1926年（民国十五年丙寅），31岁

2月，周信芳离开上海丹桂第一台。他前后在丹桂第一台约八年时间，首演剧目达两百多出，其中亲自编排演出的有一百多出。这几年周的创作、演出很是繁盛，表演艺术迅速提升，是周氏艺术发展的重要时期。

周信芳进上海更新舞台，先演《飞龙传》（与小杨月楼、芙蓉草合演），后首演《汉刘邦》九、十本，周分饰韩信、萧何，小杨月楼饰殷桃娘，王灵珠饰虞姬，芙蓉草分饰春莺、陈仓女，高百岁分饰项羽、刘邦。

5月，周信芳应聘到上海大新舞台，与王芸芳、白玉昆等合演《天雨花》。

7月21日起，周信芳在宁波鼓舞台连演10天。剧目有《南天门》《凤凰山》《独木关》及全本《雷峰塔》等。抵甬时，邀请方以军乐等欢迎。宁波《时事公报》等媒体发布了相关信息。

9月，日本学者波多野乾一所著《京剧二百年之历史》一书出版，书中专为周信芳立传，有云："北京喜连成科班毕业后，以上海为土著，以做白为主之老生而有名。工架最佳，南北少见。嗓音甚沙，然上海人有喜听其沙音者。《南天门》《九更天》《开山府》《铁莲花》等剧佳。彼富有编剧能力。"

年底，周信芳赴家乡宁波演出，为期半月。

1927年（民国十六丁卯），32岁

2月，应上海天蟾舞台老板顾竹轩之邀，周信芳入采用男女合演体制的天蟾舞台当台柱。天蟾舞台男角有刘汉臣、刘奎官、高百岁、董志扬、陆树田等；女角以琴雪芳为首，有女白牡丹等。谢月奎为后台经理，编剧事务由于振庭主管，周信芳参赞。

2月至4月，周信芳与著名须生马连良在天蟾舞台首次同台合作演出，曾演出《群英会·借东风·华容道》，周饰前鲁肃、后关羽，马饰孔明。麒、马还合作演出了全部《武乡侯》（马饰孔明，周饰郑文）；《火牛阵》（马饰田单，周饰田法章）；《宫门带》（马饰唐高祖，周饰褚遂良）；等等，历时六十余天，甚为轰动。

春，天蟾舞台老板顾竹轩特地请扬州评话名家王少堂到沪为周信芳讲演《龙凤帕》的故事，周据以改编成连台本戏《龙凤帕》。头、二本于5月8日首演，周饰演慈云太子及张奎，合演者有琴雪芳、刘汉臣、王芸芳、高百岁、女白牡丹、彭春珊等。

5月下旬，周信芳开始编演连台本戏《华丽缘》，写孟丽君与皇甫少华的故事，与琴雪芳、刘汉臣、王芸芳等合演，到年底演至十二本。

本年，周信芳加入田汉创办的新剧团体南国社，12月参加南国社的"鱼龙会"演出，与欧阳予倩、唐槐秋、周五宝、唐叔明、顾梦鹤等合演《潘金莲》，周饰武松，欧阳予倩饰潘金莲。这是一出由京剧演员与话剧、电影演员合演的剧目。

1928年（民国十七年戊辰），33岁

1月7日，周信芳与欧阳予倩合作的京剧《潘金莲》在上海天蟾舞台再度公演，报界评论周信芳"使新旧剧之精华熔合一炉"。

1月至5月，周信芳在天蟾舞台演出《华丽缘》十一、十二本，前、后部《苏秦张仪六国拜相》，全部《浔阳楼》，前、后部《卧薪尝胆》并《香莲帕》一至四本等。

6月7日，周信芳在天蟾舞台复演头、二本《龙凤帕》，与小杨月楼、琴雪芳、刘汉臣、王芸芳等合演。6月15日，周信芳续演三、四本《龙凤帕》，至8月，演至七、八本，受到内外行一致推崇。

9月，一些热心的票友发起组织的"麒社"成立，为麒派大张旗鼓。

9月5日，由周信芳和夏月润、欧阳予倩、李桂春、赵如泉等共同倡议，《梨园公报》在上海创刊，由孙玉声主编。

9月14日，连台本戏《封神榜》头本在上海天蟾舞台首演，由周信芳、小杨月楼、刘汉臣、王芸芳、王凤琴等主演。

9月、11月，周信芳以"士楚"本名开始在《梨园公报》先后发表《谈谭剧》《谈谈学戏的初步》，对谭派艺术进行了深入的探讨。

10月，周信芳代表上海伶界致词，欢迎田汉来沪。

11月，周信芳担任南国社戏剧部长。

1929年（民国十八年己巳），34岁

1月起，周信芳在上海天蟾舞台继续编演连台本戏《封神榜》，演至六本。

11月，上海伶界联合会举行大会串，演出全本《白帝城》，周信芳饰前刘备，高庆奎饰后刘备，林树森、白玉昆、董志扬分饰关羽、黄忠、关兴。

周信芳担任上海伶界联合会执行委员及剧务部主任，后任宣传部主任，并主持《梨园公报》的工作。7月，周信芳在《梨园公报》上发表《最苦是中国伶人》，为伶人受人轻视、压迫而鸣不平。

本年6月3日，周信芳女儿周采藻出生。

1930年（民国十九年庚午），35岁

1月起，周信芳继续在上海天蟾舞台演出连台本戏《封神榜》。

4月，周信芳的第一批唱片由上海蓓开公司灌制，计有《路遥知马力》《投军别窑》《赵五娘》《封神榜》《打严嵩》《萧何月下追韩信》等。

7月，梅兰芳访美归来，周信芳、林树森等到码头迎接。之后，上海伶界联合会举行欢迎集会，周信芳在会上讲话，呼吁伶人团结，提出此时伶界失业急待救济、教育急需补充等忧患。

9月，周信芳（署名"余哀"）在《梨园公报》发表《伶人亦有自由否》，指责某权贵强迫余叔岩演戏，为伶人伸张正义。

南国社遭当局查封，田汉被通缉，周设法掩护田汉，使其安全脱险。

11月，上海天蟾舞台由二马路迁至四马路（今福州路），周信芳在该戏院演出《封神榜》十一本。

1931年（民国二十年辛未），36岁

1月起，周信芳在新天蟾舞台，续演十一至十六本《封神榜》。

2月，《梨园公报》刊登《麒派唱片的销路》一文称，去岁由蓓开公司灌制的《路遥知马力》唱片，销路竟超过梅兰芳、马连良。

6月，杜月笙浦东杜氏宗祠落成，举办京剧堂会。周

信芳与梅兰芳、程砚秋、荀慧生、尚小云、马连良等合演《红鬃烈马》，与赵如泉、刘汉臣、金素琴、刘奎官等合演《庆赏黄马褂》。

9月，"九一八"事变爆发，周信芳立即着手与尤金圭合作整理编写表现历史上亡国教训的连台本戏《满清三百年》。10月28日，《满清三百年》头本在天蟾舞台首演，由周信芳与王芸芳等合演。

12月，《满清三百年》二本在天蟾舞台演出，周信芳与王芸芳、刘汉臣等合演，周饰崇祯帝。

1932年（民国二十一年壬申），37岁

1月，周信芳担任顾问、龙马影片公司拍摄的《梨园外史》首映。

4月，周信芳所编描写顺治帝与董小宛故事的《满清三百年》三本刊出广告。

"一·二八"淞沪抗战后，周信芳脱离上海天蟾舞台，正式组建移风社，自任社长，成员有周五宝、王芸芳、刘斌昆、王瀛洲等。

夏，周信芳率移风社赴青岛、济南、天津、奉天、长春、哈尔滨、北平演出，所带剧目以《明末遗恨》为主，另有《卧薪尝胆》《洪承畴》《汉刘邦》《萧何月下追韩信》《四进士》《徐策跑城》《坐楼杀惜》《天雨花》《清风亭》《封神榜》等。

在天津北洋大戏院演出时，移风社获尚小云很多帮助，周信芳演出红生戏，很受欢迎。在北平演出时，富连成科班学生裘盛戎、袁世海等冒犯科规私自外出争观麒剧。

11月，周信芳在天津北洋大戏院演出《萧何月下追韩信》等剧，引起强烈反响。

本年，周信芳整理加工并首演全本《清风亭》。

周信芳收陈鹤峰为徒。

本年1月15日，周信芳女儿周采蕰（即周易）出生。

1933年（民国二十二年癸酉），38岁

1月至8月，周信芳在天津北洋大戏院、春和大戏院演出。

3月，周信芳演出《卧薪尝胆》，报纸广告为"唤醒国民，有益社会，激昂伟大之杰作佳剧"。

4月13日至16日，周信芳与马连良在天津春和大戏院合作演出了《十道本》《一捧雪》《群英会·借东风》等。

5月，周信芳与新艳秋合作演出《宝莲灯》《霸王遇虞姬》《玉堂春》等。

7月，周信芳演出连台本戏《汉刘邦》。报纸介绍剧情，谓此剧是弱国之当头棒、雪耻之指南针、万恶皇帝之写真、民族自强之对症剂。

8月，《北洋画报》刊发《国剧革新派之周信芳》一文。

9月，周信芳在大连连滨大舞台演出《走麦城》等，又参与青年会演戏募捐，演出麒派名剧《徐策跑城》。

10月，周信芳在安东（今丹东）永乐舞台演出。

10月，周信芳在长春新新大舞台演出全部《汉寿亭侯》。

本年9月1日，周信芳女儿周采芹在天津出生。

1934年（民国二十三年甲戌），39岁

周信芳重返北平，在哈尔飞大戏院演出全部《汉寿亭侯》等，引起轰动。

后，周信芳南下，在南京、无锡、苏州等地演出，整理加工演出全本《清风亭》。

本年9月27日，儿子周菊傲（又名振华，即周少麟）出生。

1935年（民国二十四年乙亥），40岁

2月，周信芳在汉口和记大舞台演出。汉口《罗宾汉》创刊号刊发戏码。

4月，周信芳巡演后回到上海。《申报》刊发《欢迎周信芳先生》一文。上海麒迷喜出望外，出版了《麒艺联欢社欢迎周信芳同志特刊》，胡梯维撰联："此别忽三年，坐教孺子成名，百口齐唱萧相国；重来歌一曲，且喜使君无恙，万人争看薛将军。"周信芳在大世界中华电台播唱拿手京剧，以答谢上海观众。周信芳应聘在黄金大戏院演出。

9月，周信芳暂时结束在上海黄金大戏院的演出后，赴宁波、杭州、南京等地演出，在宁波天然舞台演出《明末遗恨》《生死板》等。

本年8月，周信芳与原配夫人刘凤娇女士协议离婚。8月5日，《申报》刊登离婚启事。

本年10月1日，周信芳与裘丽琳女士在新亚酒楼举行婚礼。同月25日，《申报》刊登周信芳、裘丽琳结婚志谢启事。

1936年（民国二十五年丙子），41岁

1月，周信芳应麒艺爱好者邀请，在上海黄金大戏院与票友金碧玉合演《投军别窑》。

6月，周信芳再入黄金大戏院。

8月，周信芳在黄金大戏院演出《董小宛》《丁郎寻父》等，卖座连十数日不减。

本年，应华安影业股份有限公司之邀，周信芳拍摄"麒麟乐府"系列第一部《斩经堂》（有声影片），周信芳饰吴汉，电影演员袁美云饰王兰英，合演者还有汤桂芳、赵志秋、张德禄等，费穆任艺术指导，周翼华导演，黄绍芬摄影。在拍摄过程中，剧组还利用现成的场景与衣箱，拍了一个喜剧小品《前台与后台》，由费穆编剧，周翼华导演。

周信芳在高亭、蓓开公司灌制个人第二批、第三批唱片。夏，在高亭灌制《萧何月下追韩信》《徐策跑城》《斩经堂》，在蓓开灌制《明末遗恨》《九更天》《韩信》，11月在高亭灌制《四进士》《华容道》《打严嵩》《逍遥津》。其中，《华容道》《打严嵩》系与金少山合作灌制。

1937年（民国二十六年丁丑），42岁

5月，周信芳偕同王芸芳等"北征"津沽，露演于新建的天津中国大戏院，演出《董小宛》《华丽缘》及全部《韩信》等。

6月11日，周信芳主演的戏曲影片《斩经堂》正式在上海新光大戏院首映。

7月，七七事变发生，周信芳率移风社南返，8月回到上海。

10月，周信芳与田汉、欧阳予倩在上海卡尔登大戏院（或称"卡尔登戏院"）举办二十余人参加的座谈会，讨论抗日救亡运动问题。在该剧场举行的上海戏剧界救亡协会成立大会上，周信芳担任歌剧部主任。

10月，周信芳重组移风社。后移风社与欧阳予倩的中华剧团轮流在卡尔登大戏院演出，移风社上演了《四进士》《凤凰山》等剧目，还上演了描写亡国之痛的《明末遗恨》，周信芳饰崇祯帝，合演者有袁美云、杨瑞亭等。

1938年（民国二十七年戊寅），43岁

年初，周信芳领导的移风社进行调整，赵啸澜、于素莲、刘文魁、王熙春等相继加盟，继续演出《明末遗恨》等。

4月27日，周信芳在卡尔登大戏院首演新戏《温如玉》，该剧由冯子和编剧，系周信芳1935年所演《绿野仙踪》之续集，周信芳饰演温如玉，合演者有高百岁、于素莲、王兰芳等。

5月至7月，周信芳在卡尔登大戏院首演连台本戏《天雨花》十三本至二十四本，周信芳饰左维明，合演者有高百岁、于素莲、刘文魁、王兰芳、于宗瑛、刘韵芳等。

8月19日，周信芳在卡尔登大戏院首演新戏《香妃恨》，该剧由胡梯维编剧，周信芳主演兼导演，前饰布那敦，后饰乾隆，合演者有王熙春、高百岁、刘文魁、张慧聪、王兰芳等。

夏，周信芳请著名电影编剧朱石麟编写《徽钦二帝》剧本。

9月8日，周信芳在卡尔登大戏院首演《徽钦二帝》，该剧写北宋亡国史事，描写深切的亡国之痛，借剧中人之口抨击投降派。周信芳饰宋徽宗，高百岁饰李纲，王熙春饰李师师，于宗瑛饰张叔夜，张慧聪饰皇后，刘韵芳饰宋钦宗，葛次江饰张邦昌。《徽钦二帝》只演了21天，就被日伪当局勒令停演了。当时人们称，《明末遗恨》与《徽钦二帝》是投向敌人的"两颗艺术炸弹"。

12月9日，周信芳在卡尔登大戏院首演连台本戏《文素臣》头本，该剧由朱觉厂（朱石麟）编剧，周信芳饰演文素臣并兼导演，合演者有高百岁、王熙春、金素雯、刘文魁、张慧聪、王兰芳、刘韵芳等。公演之夕，有"万人空巷来观"之况，剧场演此剧，受到观众追捧，该剧被称为独标风格的新型平剧。

1939年（民国二十八年己卯），44岁

1月，周信芳参加上海伶界联合会的慈善义务戏演出，与盖叫天合演《镇潭州》、全本《八大锤》。

1月，周信芳在上海卡尔登大戏院继续演出连台本戏《文素臣》头本。

4月至11月，周信芳在卡尔登大戏院续演连台本戏《文素臣》二本、三本、四本，观众愈多，电影、申曲、弹词纷纷仿演，时人称当年为"文素臣年"。

4月，移风社到胶州公园，为坚守在四行仓库孤军奋战的"八百壮士"举行慰问演出。

12月，上海举行"麒派大会串"（此为初拟名，后正式定名为"文武老生大会串"），为难民救济会义演。

是年，周信芳在卡尔登大戏院复演《明末遗恨》。

本年3月7日，周信芳儿子周英华出生。

1940年（民国二十九年庚辰），45岁

1月23日，上海进步人士为救济难民，联合举办慈善义演，在卡尔登大戏院演出话剧《雷雨》，朱端钧导演，周信芳客串，扮演主角周朴园，同台演员有金素雯、桑弧、胡梯维、高伯绥（高百岁）、马蕙兰、唐大郎、陈灵犀等。

1月，周信芳在卡尔登大戏院续演连台本戏《文素臣》四本，并首演表现宋代狄青故事的新戏《万花楼》。

5月24日，周信芳在卡尔登大戏院首演连台本戏《文素臣》五本。

周信芳不顾敌人恐吓，积极策划编写京剧剧本《文天祥》和《史可法》，并在卡尔登大戏院的舞台两侧挂出大幅的新戏预告，一边是《文天祥》的，一边是《史可法》的，如同一副惊世醒目的对联，一直挂到移风社被迫解散为止。

8月，周信芳参加为上海救济难民儿童教养院所办的播音宣传大会，同月参加上海伶界联合会筹募经费的义演三天。

本年，在为建造梨园坊举行的义演中，周信芳与小杨月楼、盖叫天合作。

1940年左右，中共上海地下组织派文委领导成员姜椿芳与周信芳联系。

1941年（民国三十年辛巳），46岁

1月7日，周信芳在上海卡尔登大戏院首演连台本戏《文素臣》六本。

3月，周信芳为拒绝日伪特务机关"76号"总队长吴四宝唱堂会之请，3月3日起在《申报》《新闻报》刊登

因病辍演紧急启事。

5月，移风社屡接恐吓信，被迫停演。周信芳曾设法去香港转赴大后方，后因太平洋战争爆发而未能成行。此后，他不定期地作短期演出，以维持同人生计。

夏，移风社被迫解散。

9月，周信芳乔迁新居，迁至蒲石路善钟路口（现长乐路788号）的一幢葡式洋房。

1942年（民国三十一年壬午），47岁

2月，周信芳在上海黄金大戏院演出，与黄桂秋、袁世海、俞振飞合演《龙凤呈祥》，与王熙春等合演《吕布与貂蝉》。

7月，周信芳参加上海同仁辅元分堂劝募施馆掩埋堂的名伶义播活动。

10月至11月，周信芳在上海皇后大戏院演出全部《薛家将》、《宋十回》等，同台演出的有裘盛戎、张淑娴等。

1943年（民国三十二年癸未），48岁

本年，周信芳参加由梅兰芳、张君谋、范烟桥等在上海发起成立的甲午同庚会，此会参会者都是一些矢志不为敌伪效力的名人，其中有画家吴湖帆、汪亚尘，作家孙伯绳、范烟桥等。他们生肖都属马，当时都是50岁，总共20人，加起来正好一千岁，所以这个会也称"马会""千龄会"。这一年的中秋节，甲午同庚会在魏廷荣私人花园举行第一次集会，会上互赠礼品。周信芳定制了羊毫毛笔，分赠梅兰芳、范烟桥、吴湖帆、郑午昌、蔡声白等人。

12月，在中共上海地下组织的领导下，上海京剧界进步青年成立艺友座谈会，周信芳热情予以支持，并亲自参加他们的活动。

《万象》杂志刊发"戏剧专号"，周信芳参与了《平剧与话剧的交流》一文的写作。

1944年（民国三十三年甲申），49岁

9月15日，周信芳与黄桂秋挂双头牌演出于上海黄金大戏院，连演数天。

12月28日、29日，上海艺友座谈会为纪念成立一周年，演出由李瑞来执笔的新戏《信义村》，周信芳热情支持该剧的创演。

12月26日，周信芳父亲慰堂公去世，于28日在上海华山路中国殡仪馆大殓。12月27日、28日，《申报》刊登周宅报丧启事。

1945年（民国三十四年乙酉），50岁

清明前，周信芳扶父亲灵柩回宁波，安葬于周氏祖坟。

1946年（民国三十五年丙戌），51岁

1月，周信芳带女儿周采芹与友人回访首次登台的杭州。

春，欧阳山尊从延安回到上海，在红棉酒家向进步文艺工作者介绍解放区情况，并传达了毛泽东《在延安文艺座谈会上的讲话》精神，周信芳参加了这次集会。

5月4日，田汉与欧阳予倩同去上海黄金大戏院看望周信芳，并观看当天演出的《徽钦二帝》。田汉回到寓所，夜不能寐，挥毫写诗一首："烽烟九载未相忘，重遇龟年喜欲狂！烈帝杀宫尝慷慨，徽宗去国倍苍凉。留须谢客称梅大，洗黛归农美玉霜；更有江南伶杰在，歌台深处筑心防。"过了几天，田汉又到黄金大戏院拜访周信芳，接连几次促膝长谈别后彼此的奋斗情况。

5月，上海市警察局下令进行"艺员登记"，把演艺界的演员、编导与妓女、舞女列在一起发卡登记。周信芳与梅兰芳等积极参加文艺界反"艺员登记"的请愿斗争活动。

冯乃超回上海后，与郭沫若、田汉、于伶一起到黄金大戏院看望周信芳，后又与周信芳及许广平一起去虹桥公墓祭拜鲁迅先生。

6月，一度停办的艺友座谈会恢复活动，周信芳继续参加该会相关活动。为适应斗争的需要，艺友座谈会易名"伶界联合会艺友联谊会"，周信芳仍为主要领导人。

6月29日，周信芳在《文汇报（上海）》发表《反对内战，解民倒悬！》，文章说："物价暴涨，捐税苛重，民不聊生，这都是内战的恶果……希望各位代表们再接再厉，反对内战，奋斗到底！内战一日不停，人民的倒悬即一日不能解除。"

6月30日，周信芳与茅盾、巴金、田汉等260人联名发表"反内战 争自由"宣言，提出停止内战、保障人民自由等主张。

9月21日，周信芳应邀去上海思南路中共驻沪办事处，出席周恩来同志召集的座谈会，周恩来作形势报告。会后，周恩来宴请了周信芳等人，席间他与周信芳作了深入的交谈。

10月3日，田汉在《文萃》杂志发表《周信芳先生与平剧改革运动》的专文，论述周信芳京剧改革运动的观点与实践。

程砚秋来沪公演，周信芳在国际饭店十七楼设宴，为之接风。

本年，周信芳参加田汉等人发起的"平剧改革座谈会"。

本年1月1日，周信芳女儿周采茨出生。

1947年（民国三十六年丁亥），52岁

2月14日，第四届戏剧节观摩公演在上海天蟾舞台举行，大轴为梅兰芳、周信芳合演的《打渔杀家》。中共代表团驻沪办事处的董必武与上海戏剧界知名人士出席观看。次日，周信芳出席在上海黄金大戏院举行的第四届戏剧节庆祝大会。

3月13日，上海文艺界为庆祝田汉五十寿辰，举行活动，周信芳出席，在会上致词并演唱助兴。

3月，周信芳与梅兰芳等人同去难童收容所慰问。

因参与"反内战 争自由"斗争等活动，周信芳与高百岁一起被国民党淞沪警备司令部传讯，艺友联谊会被迫解散。在宣布解散的会上，周信芳鼓励会员们为争取民主自由而斗争到底。

9月，田汉出面组织"艺社"票房，作为进步艺人聚会之组织。周信芳为主要成员，曾就京剧改革问题作过演讲。

9月，为救济广东等省水灾灾民，上海伶界联合会、上海戏院业联谊会等协办了在上海中国大戏院举办的义演，周信芳演出了《群英会·借东风·华容道》《龙凤呈祥》《四郎探母》。

本年，周信芳出于提携后进的心意，对高盛麟倍加关怀和支持，给他安排演出，并几次为他配戏。高演出了《战太平》《打棍出箱》《定军山》，反响强烈。

1948年（民国三十七年戊子），53岁

6月3日，周信芳出席《大公报》在上海八仙桥青年会召开的第25次时事问题座谈会，议题为"平剧的前途"。周信芳作了发言，参加座谈会的还有梅兰芳、熊佛西、言慧珠、童芷苓、袁世海、周剑星、沙大风、黄裳等人。熊佛西在发言中谈道："大家应该设法梅周两位下乡，演给大众看。"6月7日，《大公报》刊发座谈会发言摘要，其中周信芳的一段发言摘要以《平剧应该解放 同时应该有民国的戏剧》为标题。

1949年（己丑），54岁

1月初，上海解放前夕，中共地下组织委派剧影协会筹委会负责人熊佛西等同周信芳联系，希望他不要去台湾，留在上海，周信芳表示坚决留在上海，迎接解放。

4月，周信芳母亲许桂仙去世，梅兰芳等到巨鹿路采寿里吊唁。

5月27日，上海解放。

6月5日，应上海市市长陈毅邀请，周信芳出席在青年会礼堂召开的上海市文化界知名人士座谈会。

7月2日，周信芳在北平出席中华全国文学艺术工作者代表大会，为主席团成员，并在会上发言，受到毛泽东、朱德、周恩来等领导人的亲切接见。周信芳在会议期间演出了《四进士》，当选为中华全国文学艺术界联合会全国委员会委员。7月24日，中华全国戏剧工作者协会成立，周信芳当选为常务委员。与会期间，周信芳还当选了中华全国戏曲改进会筹备委员会委员兼指导部负责人。

8月3日，作为戏曲界代表，周信芳出席上海市第一届各界代表会议。

9月，周信芳与梅兰芳、袁雪芬等赴北平出席中国人民政治协商会议第一届全体会议，当选为全国政协委员。

10月1日，周信芳在北京参加中华人民共和国和中央人民政府成立典礼。

12月6日，周信芳出席上海市第二届各界代表会议。

12月，周信芳赴武汉，担任中南京剧工作团总团长，并演出。

1950年（庚寅），55岁

1月5日，上海伶界联合会改建为上海京剧公会，并在共舞台举行成立大会，周信芳被推选为主任。7月，上海京剧公会改名为上海京剧改进协会。

2月，因国民党军派飞机轰炸上海，天蟾舞台生意清淡，老板不给职工发工资。周信芳与梅兰芳、言慧珠、童芷苓、李玉茹、高盛麟等演出三天，收入归天蟾舞台职工。

3月30日至31日，由盖叫天、梅兰芳、周信芳发起，上海京剧界支持皖北、苏北灾民义演两场，周信芳与梅兰芳、盖叫天等合演全部《甘露寺》。

5月17日，大型新编历史剧《文天祥》在上海天蟾舞台首演，周信芳在戏中饰演文天祥，合演者有黄桂秋等。

7月24日至29日，周信芳出席上海市第一届文学艺术工作者代表大会，为主席团成员；会上上海文学艺术界联合会成立，周信芳当选为常务理事。

8月，华东军政委员会文化部在上海召开华东戏曲改革工作干部会议，周信芳作为上海代表出席。

9月，上海市文化局设立戏曲改进处，周信芳任处长，刘厚生任副处长。

11月27日至12月11日，中央人民政府文化部在北京召开全国戏曲工作会议。周信芳赴京出席会议。会议期间，周信芳在大众剧场作观摩演出，演出了《四进士》和《打严嵩》。

1951年（辛卯），56岁

2月4日，上海市文化局在康乐酒家举行庆祝周信芳先生演剧五十年纪念暨戏曲界敬老大会，两百余人前往祝贺，周恩来总理亲笔题词祝贺，梅兰芳出席并致祝词。

3月5日，华东戏曲研究院在上海成立，周信芳任院长，兼京剧实验学校校长。

3月15日，为配合抗美援朝运动，周信芳在上海大众剧场与华东戏曲研究院京剧实验剧团演出《信陵君》。

春，周信芳拜会南下的尚小云旅行剧团同行，并宴请尚小云、芙蓉草一行。

7月，上海京剧界为抗美援朝捐献"京剧号"飞机义演，周信芳与梅兰芳、盖叫天、张少甫合演《龙凤呈祥》。

7月22日起，上海市文化局举办第三届戏曲研究班。由周信芳任班主任，赵景深、刘厚生、董天民任副班主任，洪荒、何慢任正、副秘书长。

12月，上海文艺界抗美援朝支会京剧支分会筹备会在大世界主办捐献义演，周信芳、张二鹏、粉菊花、言慧珠、李玉茹、童芷苓、赵如泉、杨宝森、黄玉麟等集体参加演出。

本年，周信芳应邀赴苏南行政公署无锡人民剧院演出。

1952年（壬辰），57岁

2月16日，周信芳与新成立的国营上海市人民京剧团合作演出新编历史剧《闯王进京》。

10月6日至11月14日，中央人民政府文化部在北京举行第一届全国戏曲观摩演出大会。周信芳出席并示范演出了《徐策跑城》。周信芳获荣誉奖，同时获此殊荣的有梅兰芳、程砚秋、袁雪芬、常香玉、王瑶卿、盖叫天。

1953年（癸巳），58岁

6月，在上海大众剧场上演全本《秦香莲》，周信芳前饰王延龄，后饰包拯，沈金波饰陈世美，金素雯饰秦香莲，陈正薇饰公主。

10月，周信芳参加中国人民第三届赴朝慰问团，到朝鲜进行慰问演出，总团长为贺龙将军，周信芳任副总团长。在朝鲜与梅兰芳合演《打渔杀家》，与马连良合演《群英会·借东风》。慰问团12月回到北京。

1954年（甲午），59岁

春，周信芳率剧团赴浙江慰问解放军部队，同去的有刘斌昆、王金璐、沈金波、金素雯等，一个多月时间里，先后到沈家门、桃花岛、嵊泗列岛等部队驻地演出。

6月，周信芳参加义演活动，与梅兰芳合演《二堂舍子》。

9月，周信芳赴京出席第一届全国人民代表大会。

9月25日，华东区戏曲观摩演出大会在上海开始举行，周信芳演出全本《秦香莲》，前饰王延龄，后饰包拯。

周信芳率华东戏曲研究院京剧实验剧团赴安徽省佛子岭水库参加竣工典礼，进行慰问演出。

本年，周信芳对《乌龙院》《描容上路》《四进士》《清风亭》等十几个常演剧目进行全面的加工、整理。

1955年（乙未），60岁

1月，中国戏曲研究院改组，梅兰芳被任命为院长，周信芳被任命为副院长。

2月，周信芳率华东戏曲研究院京剧实验剧团赴江西南昌、湖南长沙等地演出。

3月24日，华东戏曲研究院京剧实验剧团与上海市人民京剧团合并成立上海京剧院，周信芳出任院长。华东戏曲研究院同时撤销。

3月25日，周信芳率团赴京参加中华人民共和国文化部、中国文学艺术界联合会、中国戏剧家协会举办的梅兰芳、周信芳舞台生活五十年纪念活动。4月11日，纪念会举行。文化部副部长夏衍发表重要讲话，欧阳予倩、田汉作报告，梅兰芳、周信芳致答词，周信芳作题为《衷心感谢党和毛主席的培养和领导》的讲话。文化部部长沈雁冰向梅兰芳、周信芳分别颁发荣誉奖状。本月，梅兰芳、周信芳在北京天桥剧场举行纪念演出，周演出《乌龙院》《文天祥》等，与梅兰芳合演

《二堂放子》《打渔杀家》，与梅兰芳、洪深合演《审头刺汤》。《周信芳演出剧本选集》由北京的艺术出版社出版，梅兰芳、周信芳唱片选集发行。

5月开始，周信芳率上海京剧院一团在东北各省及山东进行周信芳舞台生活五十年纪念巡回演出，10月中旬回沪。

1956年（丙申），61岁

1月10日，毛泽东主席等中央领导在上海中苏友好大厦剧场观看京剧，周信芳与童芷苓合演《打渔杀家》，演出后受到毛泽东的亲切接见。

2月，周信芳奉调进京，在政协礼堂演出《打严嵩》等剧目，毛泽东、周恩来、陈毅等中央领导观看了演出。

2月，上海市文化局、上海市文学艺术界联合会、上海市戏曲改进协会筹备会在上海人民大舞台联合举办周信芳舞台生活五十年纪念演出。

3月，上海电影制片厂开始拍摄彩色戏曲片《宋士杰》，周信芳主演，应云卫、刘琼导演。

夏，为准备访苏演出剧目，周信芳率团至杭州，向国风昆苏剧团学习昆剧《十五贯》。

8月，中国戏剧家协会上海分会成立，周信芳被推选为主席。

8月底，周信芳率出访苏联演出团赴京准备出国。

9月，上海市传统剧目整理委员会成立，周信芳任主任委员。

10月28日，以周信芳为团长并担任领衔主演的中国上海京剧院演出团从北京出发，赴苏联访问演出，伊兵任副团长，主要演员还有王金璐、沈金波、李玉茹、张美娟、赵晓岚等。演出团在莫斯科、列宁格勒等9个城市演出53场，在苏联历时64天。周信芳演出剧目有《十五贯》《打渔杀家》《萧何月下追韩信》《徐策跑城》《四进士》等。

本年，周信芳同意儿子周少麟学戏并请产保福、陈秀华、刘叔诒、王少芳、方传芸等名师为其开蒙。后来，周少麟首次登台是在故乡宁波的天然舞台，演出《伍子胥》《四郎探母》《杨家将》等戏。周信芳鼓励周少麟去基层舞台多演出，要求他"包银不能高于玩意儿"。

1957年（丁酉），62岁

1月7日，以周信芳为团长的中国上海京剧院演出团结束在苏联的访问演出，离开莫斯科回国。在苏联期间，苏联文化部向周信芳等颁发了荣誉奖状。

6月14日，上海文艺界在文化俱乐部举行汪笑侬诞生一百周年纪念会，周信芳、张庚、伍月华等四百余人到会，周信芳在会上讲话。筱月红演出汪派名剧《马前泼水》。周信芳与伍月华等祭扫汪笑侬墓地。本月，周信芳所写《敬爱的汪笑侬先生》一文在《戏剧报》发表，后成为《汪笑侬戏曲集》的代序。

7月21日，周信芳在北京出席全国人民代表大会期间，与梅兰芳、程砚秋、袁雪芬、常香玉、陈书舫、郎咸芬联名倡议戏曲界不演坏戏，此建议在7月24日《人民日报》发表。

12月6日，周信芳出席上海文化界、戏剧界人士纪念汤显祖逝世340周年的集会，并在会上发言。

1958年（戊戌），63岁

1月，周信芳赴上海郊区高桥等地为农民演出，剧目有《徐策跑城》等。

1月开始，周信芳率团赴中南、西南、西北、华北7省11市巡回演出。

7月4日，为纪念伟大戏剧家关汉卿戏剧创作七百周年，周信芳在山西太原演出《单刀赴会》，饰演关羽一角。

春、夏，在周信芳的领导下，上海京剧院创编现代戏《红色风暴》《赵一曼》《智取威虎山》等，分别首演。

1959年（己亥），64岁

1月，周信芳在上海人民大舞台演出《清风亭》《群英会·借东风·华容道》等，合作者有刘斌昆等。

3月，周信芳根据弹词书目改编的新戏《义责王魁》在人民大舞台首演，周饰演王中一角。

4月，中共中央宣传部副部长周扬在上海约见周信芳，建议他编演一本以海瑞为主角的戏，周欣然同意并着手组织创作。

5月，周信芳加入中国共产党。

6月，周信芳赴上海嘉定县徐行人民公社，在田头为农民演唱《萧何月下追韩信》《打渔杀家》片段，并参加劳动，在该公社礼堂演出《义责王魁》。

7月9日、10日，上海京剧、昆曲艺术观摩演出在人民大舞台举行，周信芳与盖叫天、俞振飞等同台，周信芳的演出剧目为《义责王魁》《徐策跑城》。

8月，周信芳参与、许思言执笔的京剧《海瑞上疏》剧本脱稿。

国庆节前后，周信芳参加上海市庆祝建国十周年展览演出，创演出两个大戏，《海瑞上疏》任主演兼导演；《劈山救母》中饰演刘彦昌（后部）。上海的《文汇报》《上海戏剧》，北京的《戏剧报》等发表评论，称赞《海瑞上疏》创作、演出成功，在舞台上塑造了"南包公"的形象。

12月，周信芳在上海京剧院举行收徒典礼，收沈金波、童祥苓、萧润增、霍鑫涛四人为弟子。

本年，周信芳开始给周少麟教戏，一开始教了《空城计》《清官册》《连营寨》三出谭派戏的片段，还给他说了《打棍出箱》。

1960年（庚子），65岁

春，周信芳率上海京剧院一团赴广东，在韶关演出《四进士》。

3月、4月，《周信芳戏剧散论》和《谈麒派艺术》两书先后出版。

4月，周信芳在宁波东钱湖海军招待所修改剧本。上海京剧院去宁波天然舞台演出，周信芳进城给徒弟沈金波、童祥苓说戏。

4月，周信芳第一任夫人刘凤娇去世，享年65岁。

7月，周信芳赴北京出席全国文学艺术工作者第三次代表大会，当选为中国戏剧家协会副主席。

9月18日，周信芳参加上海人民庆祝建国十一周年对台湾广播大会，与李玉茹合作演出《打渔杀家》。

本年，周少麟进入上海京剧院，成为该院三团的演员。

1961年（辛丑），66岁

2月，中国戏剧家协会上海分会举行麒派表演艺术座谈会。

5月1日，毛泽东主席在上海接见文化、教育、科学界人士，周信芳参加了接见。

6月，周信芳参加上海京、昆传统剧目会串，与俞振飞合作演出《群英会》《打侄上坟》等。

下半年，上海天马电影制片厂为周信芳拍摄彩色戏曲片《周信芳的舞台艺术》，包括《徐策跑城》和《下书杀惜》，导演应云卫、杨小仲。

8月8日，一代京剧大师梅兰芳在北京病逝。8月14日，上海文艺界人士在上海艺术剧场举行梅兰芳先生追悼会，石西民、宋日昌、陈其五、陈望道等出席，吕复致悼词，周信芳报告梅先生生平。周信芳还分别在《戏剧报》和《上海戏剧》上发表了悼念梅兰芳先生的文章。

12月11日至16日，周信芳赴北京参加中华人民共和国文化部和中国戏剧家协会举办的周信芳演剧生活六十年纪念活动。11日，首都文艺界隆重举行纪念会，由田汉致词，题为《向周信芳同志的战斗精神学习!》。周信芳致题为《五个十二年》的答词。中华人民共和国文化部、中国戏剧家协会举行几次一百多人参加的大型座谈会，研讨麒派艺术，座谈会由田汉主持，齐燕铭、老舍、金山、阿甲、李少春、袁世海、李和曾、杜近芳、高百岁等到会发言，田汉、王昆仑等赋诗祝贺。纪念活动中，周信芳陆续演出了《打渔杀家》《乌龙院》《四进士》《义责王魁》《海瑞上疏》等戏。周恩来、陈毅等中央领导观看演出并上台祝贺演出成功。在纪念活动期间，周信芳还应邀到中南海怀仁堂举行演出，毛泽东观看了他与裘盛戎合演的《打严嵩》，刘少奇观看了《乌龙院》。

周信芳收李少春、李和曾、徐敏初、明毓琨等为弟子。

周信芳与田汉同去梅兰芳墓地凭吊。

12月底，上海开始举行周信芳演剧生活六十年纪念会。上海京剧院还举办了周信芳演剧生活纪念资料展览。

12月，《周信芳舞台艺术》（周信芳口述，卫明、吕仲记录）一书，由中国戏剧出版社出版。

1962年（壬寅），67岁

1月1日至5日，周信芳在上海举行纪念演出，与沈金波等合演《海瑞上疏》《四进士》《群英会·借东风·华容道》诸剧目。

1月上旬，中国戏剧家协会上海分会邀请文艺界人士和在沪麒派弟子举行座谈会，研讨麒派艺术。

春天，周信芳筹划编演新的历史剧《澶渊之盟》，由陈西汀编剧，周导演并饰演寇准。

5月，上海京剧院一团在武汉人民剧院首次公演《澶渊之盟》。

为响应丰富上演剧目的号召，周信芳演出有争议的剧目《一捧雪》，前饰莫成，后饰陆炳。

10月1日，周信芳率上海京剧院一团在上海天蟾舞台演出《澶渊之盟》，合演者有李仲林、赵晓岚、汪正华等。

10月，周信芳在《戏剧报》1962年第10期发表《悼念亲爱的老战友——予倩同志》一文。

本年，周信芳与周少麟父子同台演出《战长沙》，周信芳饰黄忠，周少麟饰关羽，王正屏饰魏延。这也是周氏父子唯一的同台合作。

1963年（癸卯），68岁

3月，彩色影片《周信芳的舞台艺术》在全国公映。

下半年，为了参与京剧演现代戏的实践，周信芳亲自排演新戏《杨立贝》，扮演杨立贝一角。这是周信芳编演的最后一出戏。

1964年（甲辰），69岁

2月，周信芳主演的新编现代戏《杨立贝》在上海中国大戏院彩排，后未获准公演。

6月，上海演出团赴北京参加全国京剧现代戏观摩演出大会，周信芳担任副团长，该团演出的剧目有《智取威虎山》及小戏《审椅子》《送肥记》《柜台》《战海浪》。周信芳担任大会顾问，并在开幕式上代表京剧界人士讲话，强调要使京剧更好地为社会主义服务。周信芳在《戏剧报》1964年第6期上发表文章《京剧一定能演好革命的现代戏》。

1965年（乙巳），70岁

11月10日，姚文元《评新编历史剧〈海瑞罢官〉》在《文汇报（上海）》发表，并点了《海瑞上疏》的名，说"也有人专门编演过新的历史剧《海瑞上疏》"。

12月11日，上海京剧院根据上级布置，让周信芳和《海瑞上疏》的组织者陶雄、编剧许思言等开会，讨论姚文元的《评新编历史剧〈海瑞罢官〉》一文。

1966年（丙午），71岁

2月12日，《解放日报》发表丁学雷文章《〈海瑞上疏〉为谁效劳？》，对《海瑞上疏》进行批判。

5月16日，中共中央下达"五一六通知"，标志着"文化大革命"开始。

5月26日，《解放日报》发表方泽生的文章《〈海瑞上疏〉必须继续批判》，公开点名批判周信芳、陶雄。从此，周信芳遭受恶毒诬陷和残酷迫害。

7月，周信芳被红卫兵抄家。

1967年（丁未），72岁

1月，上海京剧院被造反派夺权，周信芳遭受批斗，并被关进"牛棚"。

9月，《文汇报（上海）》发表上海京剧院署名"金炬原"的文章，周信芳再次受到批判、攻击。

12月7日，上海文化系统各造反派组织在上海杂技场联合召开"打倒周信芳"斗争大会。

1968年（戊申），73岁

3月，周信芳被上海市革命委员会组织的专案组隔离审查。

9月，周信芳儿子周少麟被留院参加学习班。

11月，周信芳夫人裘丽琳去世，享年63岁。

1969年（己酉），74岁

9月，上海文艺界联合召开批判周信芳麒派表演艺术的大会。其后，《解放日报》《文汇报（上海）》等报刊发表一系列批判麒派艺术的文章。周信芳被解除隔离审查回家，由儿媳黄敏珍服侍饮食起居。

1974年（甲寅），79岁

秋天，被"四人帮"控制的上海市革委会对周信芳作出开除党籍、戴上反革命分子帽子的处理决定。周信芳不予接受，后上海市革委会又将结论改为敌我矛盾作人民内部矛盾处理。

1975年（乙卯），80岁

3月8日，因长期遭受迫害，周信芳在上海华山医院病逝，享年80岁。

1978年（戊午）

8月16日，周信芳同志平反昭雪大会和骨灰安放仪式在上海龙华革命公墓大厅举行。邓小平等中央领导送了花圈。巴金致悼词，高度评价了周信芳光辉的一生。周信芳的骨灰被安放于龙华革命公墓。

1995年（乙亥）

1月5日，周信芳的骨灰迁葬上海万国公墓（今宋庆龄陵园内），与裘丽琳合葬。

附录

周信芳讲艺术经验[1]

王金武　整理

一、我的表演方法

曹禺同志讲，话剧是语句的选择。文学剧本写得好，但观众听不清楚，那也不行。解放以后，开始使用舞台字幕，这有利也有弊。倘若唱念多了，字幕可以帮助观众理解，但如果观众还要同时看台上表演，字幕就会产生干扰。总的来讲，演出首要得让观众听懂，这要下功夫。观众不能懂，演员负的什么责任？只做做宣传，那是不行的。台上表演是综合的，又要念，又要有神气，又要语句清楚。戏曲演唱中也有对话，如《武家坡》有对唱："我问他好来——""他倒好。""再问他安宁——""倒也安宁。""三餐茶饭——""有小军造。"这就是对话。

唱念时要尖团字分明，符合字韵，自然清晰。我们平常说话也是这样，倘若尖团字不分明，把一个团字念成尖字，全句都会发生变化。练就是练这套东西，用嗓子嚷半天不行，关键靠唇齿的音。老先生不懂这个，文人记载有一些古法，何音用舌音，何音用齿音，何音用喉音，何音用鼻音。话白的里头也有对错，应当该阳则阳，该阴则阴。把这些练顺了，声音自然会大、会响。现在提倡向戏曲学习，学习什么呢？我看这套方法可以学，希望青年同志下点功夫。把它练熟之后，你可以自成一种方法，这就用活了，就不简单了。

斯坦尼还提到一个交流问题，就戏曲来说，是要和观众交流的。我们讲要抓住观众，一出戏要和一篇段子一样，能够抓住观众。戏怎么样能起高潮？那就是抓住观众。不能上来就吹胡子瞪眼，要先铺叙，铺叙有一个过程，在这个过程中要抓住观众，后头戏才好唱，所以要练字、练声。

念话白也要抑扬顿挫。我念话白一则是承继前辈名角们，但也不拘泥于一种方法，唱、念话白都采自多家。话白首要是让大家容易懂，有拗嘴的坏词句，就不好了，但也不能没有词句，倘若都是大白话，那也无趣。哪怕取一个典故，也要使观众易懂，易概括，易产生兴趣，倘若完全用白话，就是有文无采，没有文采了。当然，太拗嘴也不行。我的体会还有一点，抑扬顿挫里要融合一些口语。我们也要研究古文，"之乎者也"究竟怎么用？这是虚字，念成实字那就不行，要念得轻一些。"怎

---

[1] 本文根据中国艺术研究院艺术与文献馆提供的20世纪60年代讲座录音进行整理，录音资料使用和文字整理均已获得中国艺术研究院《周信芳画传》编委会授权，整理时对讲座内容有适度调整。

么办呢？""呢"字也等于一个虚字。

把老戏的语句和现实的说话，揉和在一块儿，就不拘泥呆板了，比如《打严嵩》中的念白"严嵩老贼……"，就有人念得没有感情。有人说引子话不真实，一上来自己先表白一番干什么。老戏没有说明书，几句引子就能够概括表达这是个什么人物，要干什么。有时演员念老戏的话白，会把引子忽略，以为引子就是引子，坐场诗就是坐场诗，话白就是话白，这恐怕要发展一下。以《打严嵩》为例，概括我全部的念白方面，首先是要容易懂，比如先前的引子，也不晓得在说什么，我按着字韵改编了一下，还是那个味道，但我是这样念的——"立志除奸不畏仇，岂肯辜负少年头"，意为我不怕与严嵩结仇。普通的念法较为平淡，我把它做了改变，上来就把情感带上。"立志除奸不畏仇，岂肯辜负少年头"，"不畏仇"声音要重。这两句就是概括，我非把他搞掉，我正是力壮气足的时候，这时不搞他不行。

后面四句坐场诗为："谗臣当道万民忧，八百进士运机谋。一朝伸出锄奸手，要将严嵩一笔勾。""谗臣当道"要念得重，表示愤恨；"八百进士运机谋"，说明大家是同道；"一朝伸出"拖腔可长可短，"锄奸手"就把气勾上来了；表示愤恨的重点应在"要将严嵩一笔勾"，"一笔勾"要短促，力量就有了。这种方法是不是可以考虑，一则是讲清楚了内容，一则是表达了情绪，也就是有些同志讲的斯坦尼主张把情绪要带到三层楼上去。

戏曲的艺术手法多种多样，也有抒情的，如唱词"一轮明月……"，类同古诗"举头望明月，低头思故乡"。抬头看见月亮，伤感起来，这是一种抒情，但是现在唱功老生就不注意，唱起来是好听，却没有看月的身段，影响唱词对伤感的表达。文老生不是不做，也要做，只是比做功老生少做一点。过去很分明，演员没有嗓子就要唱做功老生，表演多一点，文老生有嗓子，唱多一点，但不是不做。比方汪大头，头大个矮，形象不大好看，但是唱得好，不仅唱得好而且做得好。他那个腔就是做的腔，行腔悠长，倘若不做就空，加上身段就演出悲伤了。

所以，我佩服谭老板，他是个多才多艺的艺人。他不如同时代名角的嗓音洪亮，他的嗓子恐怕是最细、最低的，但他把老生的腔变成了青衣的腔。据说他也唱过武生，又加强了做功表演。他用虚设的方法创造动作，如演《李陵碑》，他一哆嗦就能让人感觉到天冷，让人体会到一则是山路崎岖，一则是饥饿难耐，演出一个饥寒交迫的忠臣。谭老板见多识广，之后的卸甲又丢盔，他又借鉴了《守门杀监》中王承恩的表演。

总的来讲，我们要多学，平上去入要慢慢学，没有用也要学。如同一人擅长作诗，不是说他比别人聪明一些就能出口成章，而是他长年学习积累，已经成为习惯。我们应再深切研究老戏，也要接触新事物，党的文艺导向已经讲过，要多学习中国文艺，也不要排斥外国文艺。也许一本书，自头至尾没有合乎我的东西，但多看就自然会找到适合自己的。

在科班要学习三四十出戏，好像出科后什么都用不着，尤其是现在，老戏不经常唱。现在我的体会是：不同的戏剧、不同的动作、不同的人物、不同的表演学得多了，就有好处。闲了置，忙了用，比方我在老戏里学过寇准，再演新戏里的寇准，就心中有底。老戏是很有本事的，创造的人物非常统一，比如鲁肃，《群英会》如此，《黄鹤楼》如此，其他戏的鲁肃也是如此，他用到的就那套东西，再用时就可以采取。再者，光学不行，还要多演，要在实践中多体会。也许我们在新戏中创造了一个人物，但是对他的刻画还不能够十全十美，多演就可以完善，熟能生巧。

演戏不能死学，要活学。有人稍微创造一点，就会被认为学杂了，面对"你究竟是哪一派"的质疑，这样恐怕永远不会发展。流派要学，学的是哪一家的路数，是供你参考来发展自己的艺术的。但总的来讲，是要演戏。刘鸿声腿脚不便利，影响其台步的走法，他的学生甚至腿不瘸，也瘸着走，这就不是演戏了。所以，学流派应学其好处，不能死学。我也常讲，什么叫流派？众水汇集在一块，它才是流，它才是派，没有多少水汇聚在一块，就不成派。演员之所以能变化，也在于会得多，一定要向各方面学习。有时演员学习流派，趋于形式，学倒也学得像，可恰巧学的那个特点是个毛病。

再者，学习一派，要研究它从何而来，由什么演变而来成为一派。所以，一则要学流派，一则要自己判断优劣，要把自己的长处同学来的长处结合起来。有人把自己先否定了，难道你唱了这么些日子戏，一点好处都没有吗？你太自卑了。你也有你的好处，为什么全扔了？比方一个演员非得唱某一派，把他的嗓子也搞坏了，成就也搞坏了，这就浪费了。学习流派，要有判断，不能优劣全收，要把别人的好处融化成自己的东西，慢慢就可以形成自己的一个流派。由基础到流派再到发展，这也就是打破一切戏曲界迷信的过程。

唱的问题，我刚才已经讲过。程长庚时流派很多，在他以下流派也多。我幼年学戏时，流行黄钟大吕，汪大头正盛兴，他真的是好嗓子。我小时就是学习剧目，不讲什么派别。我属于干嗓子，就是干巴巴的没有亮音，学了三四十出戏，戏很杂。小时候我学过一些汪派戏，如《取成都》《文昭关》。现在想想，我学汪派戏倒少，学孙派戏倒很多，如《逍遥津》《搜孤救孤》《三娘教子》《雍凉关》。这两派我都学了，但是我也唱谭派靠把戏《定军山》。来北方时，先到烟台，又到天津，学了一点黄派武生戏，尤其在喜连成，还演过《八蜡庙》。

所以我学的东西很杂，也就自然地在这种混杂中采取众人的长处。汪桂芬唱法有双音，系承继程大老板而来，也就是有昆腔咬字的方法，演唱一丝不苟，句句都足。但是孙菊仙认为，观众来了，你不能让他吃饱了，吃饱了他就不来了，意思是不能全卖，一出戏有几句唱出彩就行。汪桂芬有嗓子，哪一个字都有余味。孙派不这样，孙菊仙有其独特的方法：一句的开头和中间，都很快速地表过去，但在句尾行腔。听上去唱腔是断的，要靠胡琴来衬托，却是一气呵成的，句子断了，精神不断，没有唱散。这也就是画家讲的"笔断意不断"，比方画一张山水，当中有块云彩，他画下来条直线，上下能够接着。孙菊仙是这种唱法，咬字也非常讲究。

汪笑侬也是把汪、孙合并起来，自成一派的，但他念话白还是学谭的。我在新新舞台跟谭老板同台时，有的地方，他给支一招，就吃喝不尽，比如我学谭派的走法，大体不错，谭老板指点说，只是步子太快了一点，应再收敛一点。自己的毛病自己察觉不出，他就指点，这就是一字为师。学戏时哪个地方是毛病，哪个地方是精华，要分别开来。后面一想，谭老板指的确实对，快着走，帅是帅了，但是衣摆的摇摆幅度就太大。唱腔方面我有时也会借鉴谭派，学的东西多了，自然而然就可以变化。我的唱法就是不用腔，是没有嗓子唱有嗓子的腔，我吸收了孙派的唱法，但是吐字一丝不苟。所以，不论哪一派，总的来讲就是要演戏，新腔唱得顺溜也很好，所唱不必是这一派或者那一派。

二、我演《打渔杀家》

《打渔杀家》这出戏人人唱，我自小也学这一出，现在演出和以前基本也没有什么不同，只是也许腔调上有所不同。解放后，对戏曲要求更严格一点，有的地方就把它改编了一点，比方词句方面，改得好不好是另一个问题了。所以，谭老板那个精神好，他不拘泥于一种，《珠帘寨》唱的"往下丢"之类，都是花脸的腔。谭老板的

《连营寨》就给人启发，如他演刘备的三次扑火就不同，台上没火，却完全是有一场大火的样子。他不上下场，只在一场戏里展现火势的变化。头一次他是冲着走，连入被窝。第二次，已经跑了一天，有点疲倦，烟雾也重，往下场门冲的时候，是挡着冲，表示有烟雾。如果直接冲，就表现不出火，他这么一挡，才有了火，这些细节就合情理。第三次，已经烧得不行了，他就用疯眼看，展示人物的心理活动：这是在哪儿？有人救我吗？再如赵云那一场，旧演是刘备一上场，抓住赵云说："四将军，孤、孤、孤被他们杀败了。"谭老板演时，他让赵云跪在旁边，先眨么几眼，寻摸一阵，一看："哦，四将军。"这都是非常好的东西，让戏演出来不雷同。演《珠帘寨》时，李克用追赶周德威，冲上场，是喜悦的心情，心想你这个娃娃让我打败了。正在喜悦时，周德威"啪"射来一箭，李克用还没留神，伸手一抓，一看是箭，心想幸亏让我抓住了，再一看周德威，露出得意的表情，心想你这小子不错，你看，让我接着了。第二次接箭，李克用使大刀一拨，表示你看你看，我又接着了，这回我提防你了。因此，我们戏曲表演应当细腻，无论观众能否看见，叫好与否，都要这么做。这是谭老板启发我们后人的。

受这种启发，我演戏也每一出都要研究。刚才我讲了，要与观众交流，要抓住观众。听取观众的意见，并非到台下去征求，而是在演出时捕捉观众的反应。有时念出一句词，先是在三四个观众那里发生效果，接收到了好意见，演员再进一步发展这种表演，慢慢就成了一个看家本事。有时演员觉得某句词很好，但台底下没反应，那就是观感有点错误，也要留神，或是语气上不对，或是衬托上不对，或是演技不对。所以演员到一个舞台上，四面八方都要注意。

我演《打渔杀家》，也没什么不同。我常见话剧的朋友在一块谈"人物性格"，或许老先生也有讲究这个的。表演怎么符合人物的性格？演员要了解这一出戏是什么事由，要明了人物有什么观念、在什么地点、是什么情况。要先了解人物，才能演戏。倘若了解萧恩，就知道他不能是文弱书生，而是劳动人民。年纪虽大，却是个英雄，要是个文弱书生，他杀家就不行了。萧恩打渔的时候，称"我年迈苍苍气力不佳"，气力不佳，怎么杀人？就绝对不能杀人。所以，萧恩为什么气力不佳？一则是梁山起义失败之后，弟兄们失散，他落魄至打渔为生，一则是官府恶霸时常欺压，致使萧恩灰心丧气。因此，船稍微一摇晃，他就感叹年纪大了，气力不佳。倘若他有兴趣，就应是盘算打多少鱼，卖多少钱的状态。那么，萧恩为什么打渔？他就是为了萧桂英。父女二人相依为命，他把萧桂英拉扯成人，她又没娘、没家、没业，二人有父女之情的牵绊。这一点其实在念白里已表示清楚，桂英说"爹爹年迈，不做河下生意吧"，萧恩念"我本当不做这河下生意，怎奈难以度日"。这里就连带语气了，用到了感情，意思是我不干这个，干什么呢？没有钱呢，我们两个要生活。女儿一听也没办法，就哭了："哎呀，苦命的爹爹。"萧恩一见她哭，就安慰她，说："儿啊，不必啼哭，天气炎热，你我父女找一柳林之下歇歇去吧。"这个话好像勾不上了，其实是他把话岔过去了。这就是一种潜台词，里面有个感情的问题。

到混江龙李俊上场，叫"萧兄"，萧恩先是没听见，表示年迈人有点耳聋。萧桂英就告诉他："岸上有人叫你。"萧恩上岸寻找："哪一个，哪一个？"等看见了，他还要定睛一下："啊呀呀呀呀，打梁山之后，弟弟你在这儿啊。"再念"可到船上走走"，要有兴奋之情，不能平淡。李俊二人上船后，萧恩就看到卷毛虎倪荣了，心想跟李俊来的应该都是很好的同道。接下来，旧演时，卷毛虎倪荣念"试试他的胆量如何"，李俊和萧恩两个人就僵在那里等着他，这不合理。这里要做一些身段，李俊还好说，他在介绍二人认识，萧恩怎么办？所以我就让倪荣走快一点，在背地里念白，萧恩加一些身段，心想这家伙是个不得了的汉子，幸会幸会。之后，有人演倪荣"啪"一伸拳头，说："萧兄有力量。"这恐怕也不合理。我们北方练武以抓腕子来比试力量，所以我就设计了一个萧恩一抱拳见礼，倪荣把手一搭的动作这样就可以了。

葛先生上场时，萧恩和李俊面向观众，没有看见他调戏萧桂英。倪荣看见了，但是朋友初会，他不方便说，如果说"萧兄，岸上有人唤你"，那就变成倪荣说瞎话了，只说"萧兄，那厢有人"，也不说是调戏你女儿，也不说是唤你。萧恩回脸一看，哎呀，葛先生这个家伙探头探脑，依萧恩的脾气，非揍他不可。但是萧恩一问："你是干什么的？"（这句必须念得有力量）葛先生说："我是寻找丁府的。"萧恩听了，要定一下子："哦，丁府——"（声音拉长）心想他一定是跟丁府有瓜葛，那我把他揍了怎么办？还是忍了吧。于是，他就给葛先生一指路。

到丁郎来催渔税银子，萧恩他们还在喝酒，舞台上有许多酒杯，老先生就安排把舞台面腾清了。怎么腾？萧恩一听是丁郎的声音，可是好容易遇见朋友，预备爽快吃酒，催渔税银子的来了，他就败兴了，说："二位贤弟，酒喝够了啊？"李俊二人说："我们够了。"酒就撤了。一则是台面可以净化，一则可以表现萧恩没了兴致。萧恩上岸，丁郎说"你别让我们跑来跑去的，买鞋还要自己花钱"，萧恩就是"好好好"，他没有放在心上，也不怎么反抗。

他上船后，李俊就问了："这什么人？"萧恩说："哼，催讨渔税的。"这句要带有情感，语气不屑。所以李俊二人斗丁郎时，萧恩站在旁边不动，就是把积累的气，借他们二人都发泄了。可是当丁郎和倪荣起了冲突，说"等我摘了帽子，脱了衣裳"，萧恩就上岸了，说："杂种，你怎来？"过去北方有这么一个习惯：你欺负我不要紧，欺负我的朋友不行。萧恩心想，这是我的事，不是他们的事。丁郎说："你拉牢了他，我好逃走。"接下来，李俊就问："萧兄，你为什么这样的懦弱？"萧恩顿一顿，这里是聊以解嘲的语气："他们人多。"李俊二人说："我们家弟兄也不少。"萧恩又说："咳，他们势力大。"这就把恶霸的情形和萧恩暂时忍耐的原因都展现出来了。李俊就说："我们不做鱼虾生意也就是了。"萧恩念"我本当不做河下生意"，但是一拍腰，囊中无钞，这个也不必言说，因为大家都明白。李俊和倪荣就送白米十担、白银十两，意思是可以过一阵子，等萧桂英嫁人之后再做打算，余下就是唱"听说令爱去花家，门户相当果不差"，二人下场。

他俩人一走，旧演时，萧恩父女二人有念白"看看红日西山落，一轮明月（大大仓仓仓）照芦花（大大大仓七仓七）"。要表现一个阴沉沉的天气，回家很忙也不行，有船摇不快，那么我就设计两个人用云锣下，含蓄地表达父女二人各有各的思想。萧恩是想：我搞成这样，但是今天又遇见李俊，多少年不见的朋友，不错。萧桂英是想：我父亲还是有朋友的，但是为了我受气，这怎么办？所以我们用云锣，"仓大才"，舞台可以静下来。我们戏曲没有布景，如用布景，就是一轮明月照芦花。一个年迈人，一个少女，摇着橹，在一片芦花中看着月色慢慢升起，是很美的一个图画。就连李俊讲的"柳林之下一小舟"也有图画，船摇摆着，一个少女在那儿做活，一个年迈人在船头上。我们应想到有这么一个很美的环境，演员也应注意把握意境。

第二场，萧恩为什么不让萧桂英渔家打扮？我假设这里有后场戏：萧恩与李俊分别，回到家中，心里气闷，又喝酒，且父女两人谈心。萧恩说，现在气受足了，我们这么下去不行，我拉扯你这么个女孩子，如今长大了，要嫁人；你李俊、倪荣二位叔叔说得很对，你要打扮起来，布衣钗裙，干干净净，到了日子我把你送到花家。这里萧恩也有一个深层的心理：我是个英雄，为了你和你相依为命，不能做错，把你安置好了，我该干什么就干什么去。萧桂英面对自己的婚事有些害臊，感觉难为情，也就没换了渔家打扮，这么一来萧恩也就生气了。萧恩因为昨晚喝酒，又和女儿谈婚配的事情，就在半醉之间和衣而卧，所以他唱"昨夜晚吃酒醉和衣而卧"。接下来的一段唱也是写景，农村炊烟初起，有一片一片的渔网，表现一种意象。所以，在戏的表面之下有这些内容，掌握了这个，做戏也就有了方法。

大教师一场也可以讲一讲。大教师想拿回被萧恩踩着的铁链，就说"那边有个希希罕儿，一个家雀两个尾巴"，萧恩那么大年纪了，还能贪看希希罕儿？所以就一挪步，让他拿去了。萧恩打完大教师之后，还是要依靠官府的。和《四进士》一样，宋士杰先是递状，这时事情还是与自己不相干的，再见了顾读，挨了四十板子，宋士杰就想这是我自己的事情了，我跟你走。萧恩也是如此，要到公堂抢个原告，心想我已说过到时还钱，补上渔税银子，你找人打到我家里头，这算什么？但是官府和恶霸勾结，打了萧恩四十大板，又让他去丁府赔罪，所以他回来的时候就跌跌冲冲，十分气愤，要杀丁员外全家。那个年头叫作大丈夫宁死不辱，我脑袋搬家不要紧，但你要是羞辱我，我就跟你干上了。让我负荆请罪去？我到地方杀了你。

萧恩是个英雄，决心去杀了丁员外，但他却又和萧桂英有父女之情，牵挂着萧桂英。萧桂英劝萧恩不要去，可是萧恩不听，非把丁府搞了不可："快去，取为父的戒刀过来。"萧桂英想把父亲牵住，过了这个恶时辰，她再进言劝说，慢慢减弱萧恩的情绪，所以她递刀时，就又往回缩手。萧恩决心去杀人，萧桂英就要跟着去，说："站在一旁，与爹爹壮壮胆量，也是好的。"萧恩转念想：我要真杀了人，把她搁哪儿去？就要安排一下，说"把庆顶珠带在身旁"。庆顶珠是河下打渔，打来的一种宝贝，现在是花家的聘礼。萧恩就想：让萧桂英带着庆顶珠到花家去，说明情况，再与花家成亲。

萧桂英听到父亲要带她去，本来是一个欢喜的状态，但又听到要带庆顶珠，一想是不是要破釜沉舟，她的态度就转下去了。所以，她先是高兴，再转下来，再去取，又慢慢地出来。萧恩是个老英雄，有警惕性，开门是轻轻地抽门闩，心想是不是官府怕我跑，设有埋伏，看看没有人，又开第二扇门，俩人才走。

萧桂英还想感动萧恩，又有两句念白，一是"这门还未关呢"，二是"这里面还有我们用的家具渔网啊"，就是家里还有很多家具，不都让人偷了吗？萧桂英想用小的言语去感动他，让他怜惜家和女儿，一有机会就再进言劝说。萧恩的回答轻描淡写："我的儿，我们都不要了。"你这孩子什么都不懂，我们现在什么都不要了，可是喉咙里头带一点悲惨的声音。萧桂英听了就哭，这是生活化的情感，萧恩一听就止住她，担心惊动了旁人，所以萧桂英只能抽泣，提气发出哽音，此处表演由生活到艺术，恐怕演员也要锻炼一下。接下来，萧恩又问："儿啊，庆顶珠带好了？"萧桂英没能把父亲留下，心中本就烦躁，不耐烦地回答了一句："带好了。"萧恩就说："眼睁睁父女就要分别，你说话还是这样的倔强。"意思是，我们就要分别了，你到了婆家也能这样说话吗？萧桂英又好声答应一番："爹爹，孩儿带好了。"这就缓和一下。

到了江边，萧恩不是一下就看到船在哪里，而是要找的，要么展现摸索，要么展现看见一个影子，以表示夜行，在这里动作要细腻一点。二人上了船，船篷马上打起来？依据生活经验，并非如此，而是到了江心再把船篷打起来，船一直顺流下去。萧桂英一看不得了，还想劝说，又把船篷放下来，船就摇晃，不能前进。萧恩问："儿啊，为何将篷索扯去？"萧桂英问，杀人是真是假？萧恩说，你现在还问什么真假。萧桂英说，不行，我害怕，我回去。萧桂英实际是要拉父亲回去，萧恩信以为真了，就要把女儿送回去。萧桂英一见真要把自己送回去，说："孩儿舍不得爹爹。""爹爹"两个字应该有声音的颤抖，开始唔唔地哭起来，表达实在舍不得父亲的感情。萧恩也难舍女儿，说："桂英，我的儿。"过去我们学的时候又多四句，现在我也用上了："桂英儿说出伤心话，不由得年迈人咬碎钢牙。速将篷索来高挂，今夜晚过江去杀贼的全家。"就是听见女儿说的话，我心里非常难过，但我还是要杀他。旧演时，萧恩父女见了丁员外还要叫骂，现在被删去了。萧恩反正是下了决心要杀他，一个人感情到了极端的时候，他反而平静下来，见了丁员外，说我来还钱赔罪，要拿出庆顶珠来。丁员外一看萧恩真服了，况且他还有一个宝贝，很贪婪，于是屏退左右。这时，萧恩父女再开杀戒。整出戏，头场是铺戏，二场是最要紧的推动，三场也就是终场的描写，是高潮。我讲的是我个人的一点体会，是不是能够再丰富，请大家批评。

结　语

我的表演归结起来说，有两点：一则是一台无二戏，一则是无我。

一台无二戏就联系到一个好花绿叶的问题，有些演员平时净唱红花，不唱绿叶，没有绿叶，他就是光秆牡丹，非得有绿叶的呼应，如斯坦尼所讲，"没有小角色，只有小演员"，哪一个角色都是重要的。

　　无我，就是演戏前先把戏的情况、地点、事件弄明白，再琢磨人物性格。比如，我演萧恩，一上场就是受压迫的姿态，采取各种的情感去丰富表演。这一点话剧的同志是有的。我有时候也向话剧学习。我们戏曲是不是也应当在这里下一点功夫？我们也不是非得演哪一派戏不可。换一种演法也很好，这样才会发展更快。这一认识是我学习新事物得来的，因此我们平时也要常看看小说、看看新戏剧，跟话剧同志在一块学习。过去老先生也讲，要"装龙像龙，装虎像虎"，要是扮演农民，一定得是个农民，要是扮演商人，一定要是个商人。所以，全剧不分主次，每个角色都重要。比方《四进士》中的三个人物宋士杰、毛朋、杨春，演员在戏班里演杨春，很累，但是不重视。杨春他是个小商人，有小商人气息，"可惜了我三十两银子"这句念白就表现得很清楚。这里就体现了这个人物的本质——好事是要做的，但舍不得钱，善财难舍。我看全剧如此，个人也是如此。

　　在座的有成名的演员，甚至是国际演员，诸位同学也都是经验非常丰富的，都是有成就的演员，说我来讲座实在是不敢当的话。我们应该把艺术的隔膜打开，互相联系，互相研究，这靠一个人是不行的。所以，今天我讲的这些话有的可能不恰当，希望同志们能够再共提意见。

后记

2024年是中国艺术研究院的前身中国戏曲研究院建院早期的梅兰芳院长诞辰130周年、程砚秋副院长诞辰120周年，2025年是周信芳副院长诞辰130周年，他们是中国京剧艺术大师，更是中国戏曲艺术体系、理论体系的重要建构者。承续此前《梅兰芳画传》《张庚画传》《郭汉城画传》成功立项编撰的创意，戏曲研究所策划《周信芳画传》《程砚秋画传》的图片编辑和评传写作，以期更加全面地展示中国艺术研究院的艺术传统和学术传统。

《周信芳画传》的策划在2023年即已开始，在2024年1月着手申报中国艺术研究院基本科研业务费资助项目，同时联络沟通相关编撰事宜，并于2月1日举行视频沟通会议。戏曲研究所所长王馗组织上海京剧院冯钢副院长、科研人员虞凯伊，周信芳艺术研究会单跃进会长，中国艺术研究院戏曲研究所郑雷副所长、谢雍君研究员、张静副研究员，中国艺术研究院艺术与文献馆刘晓辉研究员，文化艺术出版社王红总编辑及责任编辑刘颖、李梦希，中国戏曲学院教务处殷继元，一起召开课题启动沟通会，分配相关工作。根据分工，谢雍君负责评传的撰写，并以之作为画传的导语总述；虞凯伊负责编辑周信芳图片和相关文字说明，以此作为以图证史的主体部分，涉及中国艺术研究院收藏的相关图片由刘晓辉、张静来遴选，相关音频资料由邵晓洁、王礼负责把关；年谱请上海京剧院协调相关研究专家承担，由郑雷协助最后统筹；文化艺术出版社的领导和责编全程参与，协调工作进度和保证整体工作质量。由此，评传、画传、年谱构成相互呼应、相互阐发的结构形式。

基于上海京剧院、周信芳艺术研究会曾经对周信芳先生的图片做过系统梳理，这部分资料由虞凯伊负责图文编辑，在他接受任务后，王馗多次与其进行协调，其间的沟通涉及中国艺术研究院与上海京剧院的图片共享等事宜。虞凯伊根据画传整体结构要求，在3月4日提交了图片编辑大纲，借助网络的沟通，与王馗等进行多次商议，不断完善；到7月6日最终完成画传初稿。7月10日，王馗所长召集郑雷、谢雍君、张静、刘颖、李梦希一起进行整体结构的把关，虞凯伊根据会议讨论结果，进行深入的文图修改。在此过程中，也约请沈鸿鑫老师在之前研究、编撰周信芳先生年谱基础上，根据画传的要求，进行年谱梳理。同时，经过协调，中国艺术研究院艺术与文献馆保存的周信芳先生20世纪60年代讲座录音资料，也委托中国艺术研究院硕士王金武进行整理。7月22日，虞凯伊在助手俞晓栋陪同下，来京进行工作，对图片进行逐张审核，之后王馗、郑雷在此基础上继续推敲结构，调整次序，郑雷对篇章概述文字进行整体把关。虞凯伊又与身在美国的周信芳先生家属后人取得联系，利用新获图片进行替补增删。在谢雍君完成评传后，文化艺术出版社和课题组将评传与画传等一同送有关专家广泛征求意见，龚和德、马博敏、黎中城、单跃进、沈鸿鑫、张静等老师提出相关建议，单跃进在部分文字表述上做了一些修订。至9月中旬，虞凯伊再次赴京审校图片，王馗、郑雷亦对篇章结构等进行调整。画传编撰工作基本结束。在这个过程中，责编刘颖、李梦希，美编赵蠡在文字、图片、文献、注释等方面，进行了重要的修订考辨，由此保证了画传的学术规范，同时重点对相关图片授权事宜进行协调。

　　画传编撰得到了上海京剧院、周信芳艺术研究会的大力协作。画传副主编、上海京剧院院长张帆，副院长冯钢进行细致工作安排，给予积极配合。1994年，在筹备纪念周信芳先生诞辰100周年系列活动时，周信芳先生的家人周少麟、黄敏珍提供了大量珍贵照片。本次出版的照片主要来自上海京剧院与中国艺术研究院的馆藏资料，又得到了周先生远在海外的家人周易、周采芹、周英华的襄助。同时，上海艺术研究中心以及社会各界麒派艺术的研究者、爱好者也提供了一批珍藏资料。

画传主编、中国艺术研究院院长周庆富一直关注课题的进展，同时尽力解决课题推进中遇到的相关问题，成书之际，亲自撰写序文，并对编辑委员和相关文字进行了细致的把关；中国艺术研究院科研处、财务处、艺术与文献馆、后勤保卫处等单位付出了重要的努力，《周信芳画传》科研立项、合同招标、资料使用等工作都得到了中国艺术研究院副院长喻静和这些部门的协助支持；《戏曲研究》编辑部对评传、周信芳录音整理等文献进行学术把关，设立专栏进行发表；艺术与文献馆和上海京剧院沟通协调图片授权事宜。整个出版过程中，文化艺术出版社组织了专业严谨的编辑队伍，对画传的图文内容进行了细致的排版设计、编辑校对。

编撰《周信芳画传》的过程，是深入整理周信芳先生艺术档案的过程，也是学习研究周信芳先生及其艺术的过程。周信芳先生在生前参与中国戏曲研究院的艺术、学术和教育工作应该并不算太多，但他的艺术经验和艺德品格却深深浸润了中国艺术研究院七十年来的学术传统。这本画传对周信芳先生的一生进行全面而系统的回顾总结，让今天的研究人员对中国戏曲艺术体系、中国戏曲理论体系建设的方向与规律有了更加充分的把握和鲜明的认知。编撰出版时间仓促，错误和疏漏在所难免，敬候各位方家批评指正。

中国艺术研究院《周信芳画传》课题组

2024 年 9 月 6 日